KB151065

수정판

HRD Essence

시스템 접근 기반

권대봉 · 조대연

human resource development

박영story

서 문

중용(中庸)에서 하늘이 명하는 것을 일러 성(天命之謂性)이라 하고, 성을 따르는 것을 일러 도(率性之謂道)라고 하며, 도를 닦는 것을 일러 교(修道之謂敎)라고 한다. 성(性)이 대관절 무엇이길래 그것을 따르는 것이 도(道)일까 의문을 떨치지 못했는데, 금곡(金谷) 하연순 선생님께서는 성(性)을 "세상의 이치"이며, 세상의 이치를 따르는 것이 도(道)라고 명쾌하게 해석해주셨다.

도(道)를 닦는 것이 교(敎)이니, 교육자의 직분이 얼마나 어려운지 알만하다. 교육은 다섯 마당에서 이루어진다. 가정교육의 마당, 학교교육의 마당, 일터교육의 마당, 지역사회교육의 마당, 그리고 사이버교육의 마당이다.

일터교육이란 기업, 정부, 군대, 단체, 학교를 망라한 모든 일터에서 이루어지는 교육을 일컫는다. 학생을 위한 교육은 학교교육이지만, 학교의 선생님들을 위한 계속교육은 일터교육이다. 일터교육이 인적자원개발로 진화한 지 30여 년이 지났다. 한국 기업들이 세계적인 기업들로 웅비한 것은 기업의 인적자원개발활동에 힘입은 바 크다. 저자들은 고려대학교 교육대학원 기업교육전공에 재학중인 기업의 인적자원개발전문가들을 가르치는 입장에 있지만, 동시에 그들로부터 배우는 기회도 가졌다. 교육과 학습이 둘이 아님을

깨닫는 시간을 가진 것이다.

한편 세계적인 수준을 자랑하는 한국 기업의 인적자원개발활동 방법을 학교교육에 도입한다면 한국의 학교도 세계적인 수준으로 도약할 수 있으리라는 생각을 해본 적이 있다. 학교교육이 인적자원개발로 진화한 기업의 일터교육을 배우려면 아래 세 가지 문제에 대한 해답이 필요하다.

첫째, 하늘이 기업에게 명하는 것은 무엇일까?
둘째, 기업이 따라야 할 세상의 이치는 무엇일까?
셋째, 기업이 따라야 할 세상의 이치를 어떻게 따르도록 인적자원개발활동을 해야 할까?

저자들은 이 책을 읽는 독자들에게 위의 세 가지 문제를 염두에 두고 이 책을 읽어 보라고 권하고 싶다. 끝으로 이 책이 나오기까지 여러 가지 도움을 주신 많은 분들께 감사를 드린다.

2013년 2월
권대봉·조대연

수정판의 목적, 내용 그리고 구성에 대하여

2013년 HRD Essence가 처음 세상에 빛을 본 이후 지난 5년간 HRD 연구자와 현장 담당자 그리고 대학(원) 학생들의 많은 관심을 받아 왔다. 이번 수정판을 준비하며 그동안 저자들의 변화된 관점과 새로운 지식 및 정보를 바탕으로 좀 더 정확한 내용을 담으려 노력하였다.

이 책의 목적은 현재 HRD 담당자들과 HRD 영역에서 활동하기를 원하는 독자들에게 HRD의 이론적 차원에서 큰 그림을 그리고 구체적인 사항들을 이해할 수 있도록 하기 위한 것이다. 그동안 많은 HRD 관련 학술저서들이 방대한 내용을 다룸으로써 HRD의 이론적·실무적 핵심 포인트를 집중적으로 다루지 못한 아쉬움이 있었다.

HRD 담당자들은 바쁜 현업의 일상 속에서 자신이 해 온 일의 부분만을 갖고 HRD를 말하기도 한다. 10년 이상 현업에서 HRD 담당자로 풍부한 경험을 했음에도 불구하고 HRD의 큰 줄기를 찾는 데는 어려움이 있다. 성인들에게 있어서 경험만큼 중요한 자원은 없다. 그러나 경험은 이론적 토대 위에서 엮여져야 경험의 가치를 발휘하게 되며 더 높은 가치를 창출할 수 있다. 따라서 본 책은 HRD의 토대를 이루는 내용들 가운데 이론적 그리고 실무적 에센스들을 내용에 포함하였다. 그리고 각 장에는 Box를 제시하여 강조되는 내용들을 좀 더 설명하였다.

1장은 HRD 담당자들이 시스템적 접근에 익숙할 수 있도록 구성하였다. HRD 담당자들이 알아야 할 시스템적 접근의 내용들로 먼저 HRD의 개념과 HRD의 패러다임을 소개하였다. 이어 HRD의 학문적 속성인 다학문적 접근을 설명하고 이들 가운데 시스템 접근의 중요성을 강조하였다. 또한 HRD에서 시스템 접근이 어떻게 유용하게 활용될 수 있는지를 설명하였다.

2장은 data 수집 및 분석에 능숙한 HRD 담당자의 모습을 그렸다. 자료를 수집하고 분석하는 것은 HRD 담당자의 일상적인 일 가운데 하나이다. 이를 위하여 먼저 시스템 접근에 기초한 HRD 프로세스를 설명하였다. 그리고 HRD 프로세스의 첫 단계인 전략적 기획, 요구분석, 성과분석 그리고 직무분석을 소개하였다. 또한 HRD에서 가장 기본적인 용어들에 대하여 학술적 의미를 짚어보았다.

3장은 비즈니스 민감성에 기초한 Content Free 전문가로서 HRD 담당자의 모습을 그렸다. HRD 담당자에게 비즈니스 민감성은 전략적 HRD로 구현될 수 있으므로 기존 HRD 차원에서 전략적 HRD의 의미를 생각해 보고 HRD 전문성을 갖추기 위해 우리가 지향해야 할 방향을 제안하였다. 그리고 HRD = content free, 즉 HRD 전문가는 내용전문가이기 보다 틀 전문가임을 강조하였다.

4장은 HRD에서 활용할 수 있는 다양한 솔루션들 중 세 가지 HRD의 구성요소인 개인개발, 조직개발, 경력개발을 소개하였다. 특히 세 가지 구성요소의 개념, 구분 및 과정 등을 설명하고 각 구성요소에 해당되는 대표적인 HRD 프로그램들의 정의, 특징, 그리고 이론적 Tip들을 포함하였다.

5장은 HRD 프로그램 개발자로서 HRD 담당자의 모습을 그렸다. 먼저 성인대상 교육프로그램 개발의 세 가지 주요 이론들을 설명하고 HRD 교육훈련 프로그램 개발 프로세스로서 IPO모형을 제안하였다.

6장은 HRD 평가의 전문성을 확보하기 위한 내용을 담았다. HRD 평가의 다양한 관점과 구체적인 평가 전략들을 소개하였다. 또한 최근 HRD 현장에서 관심을 받고 있는 논리주도평가와 SCM에 대한 이슈들을 포함하였다.

7장은 HRD 담당자로서 갖추어야 할 역량을 소개하였다. 그러나 일반적인 HRD 담당자의 역량을 기술하기보다 2004년 ASTD(현 ATD)의 역량모델을 중심으로 우리나라 HRD 담당자를 대상으로 한 역량요구분석 결과를 바탕으로 요구되는 역량을 제안하였다. 특히 2장에서 다룬 요구분석의 실천적 tip들을 적용하여 그 결과를 소개하였다.

부록에서는 일과 학습의 통합시대에 교육적 관점에서 HRD 담당자의 전문성 향상을 위한 실천방안을 제시하였다. 본 책은 시스템적 관점에서 HRD를 소개하였으나 교육학적 관점 역시 HRD의 중요한 이론적 토대를 형성하고 있다. 또한 성인학습이론들을 소개함으로써 HRD 담당자들이 복잡한 성인학습현상을 보다 효과적으로 이해할 수 있도록 전통적 이론들과 함께 최근 성인학습이론들을 소개하였다.

2019년 2월

차 례

Human
Resource
Development
Essence

HRD Essence

시스템 접근 기반

Human
Resource
Development
Essence

Chapter 1

시스템 approach로 무장한 HRD 전문가

HRD 담당자는 시스템 접근으로 무장한 HRD 전문 가가 되어야 한다. 이를 위해 우선 HRD의 올바른 개념정의를 이해하고 HRD를 바라보는 관점인 두 가지 패러다임을 살펴보자. 또한 HRD의 간학문적 성격과 여러 이론적 배경 중 시스템 이론과 HRD에서 시스템 이론의 활용에 대해 이해할 필요가 있다.

1. HRD 개념을 이해하자

　1970년 Nadler를 시작으로 지난 50여 년간 많은 학자들은 HRD에 대한 개념을 정의해왔다. 최근 많은 국내·외 학술논문 및 저서들(예를 들면, 권대봉, 2003; Swanson & Holton, 2001)에서 시간적으로 HRD 개념의 발전과정을 자세히 소개하고 있다. HRD 개념의 발달에서 특징은 HRD 영역의 확장이며 동시에 개념의 정교화가 이루어졌다는 사실이다. 최초 HRD의 제안자인 Nadler(1970:3)는 "행동변화를 위해 설계되고 특정시간에 실시되는 일련의 조직화된 활동"으로 HRD를 정의했다. 다분히 교육훈련(Training & Development: T&D)에 초점을 둔 정의이다. 이후 조직개발과 경력개발이 HRD의 실제에 포함되면서 학습이 강조되는 교육훈련을 넘어 HRD의 개념과 영역이 확장되었다. 또한 시간이 흐르면서 HRD의 목적, HRD 솔루션(또는 HRD 프로그램)들의 묶음인 구성요소, HRD의 분석단위에 대한 정교화가 이루어졌다.

　Jacobs(2000)과 조대연(2006)이 정의한 HRD의 개념을 다음과 같이 소개하고자 한다.

　첫째, HRD를 한마디로 정의한다면 문제파악 및 해결과정이다. 문제를 파악하고 그 문제의 원인을 분석하여 문제를 제거할 수 있는 해결책을 제안하고 실천하는 것을 의미한다. 또한 과정(process)

은 끝(end)이 아닌 지속성(ongoing)의 의미를 갖는다. 예를 들면, 문제상황은 항상 우리에게 다가오며 하나의 문제해결은 곧 다른 문제의 파악으로 이어져야 조직의 지속가능성을 높일 수 있다. 따라서 HRD는 지속적 과정이다.

둘째, HRD의 분석단위는 개인, 팀, 그리고 조직이다. HRD 담당자가 문제를 파악하는 기본 단위는 조직구성원인 개개인, 개인들이 모여 서비스와 산출물을 만들어내는 팀 또는 작업라인, 그리고 이들이 합쳐져서 구성된 조직이다. 즉 조직에서 HRD 담당자는 개인, 팀 또는 작업라인, 그리고 조직이 갖고 있는 문제를 동시다발적으로 파악하고 적절한 해결책을 제안, 실행해야 한다.

셋째, HRD의 주요 해결책은 교육훈련(Training & Development: T&D)으로 대표되는 개인개발, 조직개발 그리고 경력개발을 포함한다. HRD 역사에서 언급하겠지만, 오늘날 HRD는 교육훈련으로부터 시작되었기 때문에 아직까지도 교육훈련을 곧 HRD로 오해하는 경우가 많다. 그러나 이미 HRD는 교육훈련을 넘어 조직개발과 경력개발까지 주요 영역으로 포함하며 오늘날 HRD 학자와 실천가들이 다른 영역으로부터 뿌리를 두고 있는 새로운 해결책들을 제안하기 위해 노력하고 있다.

넷째, HRD의 목적은 조직의 성과향상과 개인의 성취에 있다. Swanson과 Holton(2001)에 따르면 HRD가 추구하는 최종 목적은 개인과 조직의 성공이며 이를 위해 향상(improvement)이 필요하고 향상을 위해 개인과 조직의 성과와 학습이 주요 관심사라고 하였다.

이상을 종합하면 HRD란 조직의 성과향상과 개인의 성취증진을 위해 개인, 팀(또는 작업라인), 그리고 조직차원의 문제를 진단하여 파악하고, 개인개발, 조직개발, 경력개발 프로그램 등을 통해 문제를 해결하는 지속적인 과정이라 할 수 있다. 그런데 일부 국내·외 학자 및 실천가들은 인적자원개발을 정의하기 위한 시도로 인적(또는 인간), 자원, 개발, 인적자원, 교육 등을 분절적으로 정의한 후 이를 종합적으로 설명하려 한다.

그러나 이런 시도는 주의를 기울일 필요가 있다. 인적자원개발(Human Resource Development)은 Human + Resource + Development의 합성어가 아니다. 인적자원개발은 그 자체로 의미를 갖는 고유명사이다. 인적 또는 인간, 자원, 개발을 구분하여 정의할 때 인간을 하나의 자원으로 간주하고, 또 자원이기 때문에 경제적 차원의 개발과 연관지어 인적자원개발의 오해를 불러일으킬 수 있다(김남희, 2003). 그리고 '인적자원을 개발하기 위한 총체적 노력'으로 인적자원개발을 정의할 때, 교육과의 구분이 모호해지며 교육관련 다양한 하위학문들로부터 영역구분에 대한 도전을 받을 수 있다.

→→ HRD의 역사

HRD의 역사전개가 인류의 탄생과 함께 시작되었다고 하는 주장도 있으나 오늘날과 같은 HRD의 기원은 제2차 세계대전 동안 미국에서 찾는 것이 타당하다. 그 이전까지는 비체계적이고 비계획적인 학습이 주류였다. 2차 세계대전이 5년간 지속되면서 전쟁터에 나갈 군인이 필요했다. 미국은 본토에 군인을 유럽으로 파병함과 동시에 공장, 농장 등 일터의 근로자들을 신병으로 모집하였다. 이들에게 빠른 시간내 필요한 군사훈련을 제공해야 했다. 이를 위해 보다 체계적인 접근을 통해 필수적인 훈련내용을 도출하고 짧은 시간내 전달할 수 있는 시스템이 필요했다. 장교도 빠른 시간내 장교로서 필요한 리더십 등의 내용을 전달받아야 했다. 장교 대상 훈련에서 등장한 것이 오늘날 리더십 교육훈련이다.

또한 일터에는 군대에 간 노동력을 대신할 수 있는 신규 인력이 유입되고 이들에게도 역시 핵심적인 내용을 선별하여 빠른 시간 내에 훈련이 제공될 필요가 있었다. 따라서 일터에서도 체계적인 교육훈련에 대한 관심과 교육훈련 개발과 정상에서 효과성 및 효율성을 추구하게 되었다. 우리에게 매우 익숙한 미국산업교육협회인 ASTD(American Society for Training & Development: 현 ATD(Association for Talent Development))가 제2차 세계대전이 한창인 1943년에 설립된 것을 보면 2차 세계대전 동안 교육훈련(T&D)의 성장을 가늠해 볼 수 있다.

이와 같은 HRD의 발전은 미국 정부의 War Manpower Committee에서 Training Within Industry부서를 통해 이루어진다. 이 부서에서 제작한 TWI보고서에는 직무지침(Job Instruction), 직무방법(Job Methods), 직무관계(Job Relations), 그리고 프로그램개발(Program Development)이 종합되어 있다. Swanson과 Holton(2003:9)은 TWI보고서의 HRD 기여도를 다음과 같이 언급하였다: (1) 체계적인 성과기반 교육훈련, (2) 작업 프로세스의 향상, (3) 일터에서 인간관계의 향상을 탄생시켰다. 결국 2차 세계대전 전과 후를 비교할 때 T&D 분야에서 가장 큰 변화는 체계적(systematic)인 접근이 도입되었고 직무 이외에 인간관계와 같은 다른 콘텐츠에 대한 관심이 증가한 것이다.

2. HRD 패러다임을 이해하자

HRD 연구자 및 담당자가 HRD를 바라보는 시각을 HRD 패러다임이라 한다. HRD 패러다임에는 크게 학습중심패러다임과 성과중심패러다임으로 구분할 수 있다(Swanson & Holton, 2001). 먼저 학습중심패러다임에 대해 살펴보자.

- HRD의 목적은 개인과 조직수준에서 학습 증진을 통해 성과를 향상시키는데 기여하고자 한다.
- HRD 담당자의 관심은 개인과 조직수준의 학습촉진과 학습능력을 높이는데 있다.
- 학습과 성과향상의 관계에 대해 학습패러다임은 학습을 통해 의사결정력, 비판적 사고, 문제해결력, 그리고 경쟁력을 높일 수 있기 때문에 학습 증진이 결국 조직의 성과로 이어질 수 있다는 강한 믿음을 갖고 있다.
- 이론적 배경으로는 직장내 조직구성원들은 성인들이며 이들의 학습에 관심이 있기 때문에 성인학습이 기초가 된다. 본 책은 부록에서 다양한 성인학습이론들의 간략한 소개와 함께 각 이론별 HRD와의 연관성을 제시하였다.
- 위에서 진술한 것들을 기초로 학습패러다임에서 학습은 항상 좋은 것이기 때문에 하나의 투자이면서 비즈니스로 생각한다. 따라서 학습은 성과향상에 있어 무엇보다도 중요하기 때문에 HRD의 핵심이 된다.
- 대표적인 학자들의 특징은 교육학 또는 성인교육학을 전공한 학자들이며 대표적으로 국외에는 Watkins, Marsick, Bierema, Dirkx 교수 등이 있고 국내에는 권대봉 교수와 한준상 교수가 있다.

반면 성과중심패러다임은 다음과 같이 HRD를 바라본다.

- HRD의 목적은 직접적으로 조직의 성과향상에 있다. 학습중심패러다임은 학습을 통해 개인의 성과향상에 기여하고 이를 통해 조직의 성과를 향상시킨다는 것이므로 두 패러다임에 근본적인 차이가 있다.
- HRD 담당자의 관심은 개인과 조직수준의 학습뿐만 아니라 다양한 HRD 전략들에 관심을 둔다.
- 학습이 개인, 팀, 조직수준의 문제를 해결하고 성과향상에 기여할 수 있는 전략이라고 판단될 때 학습을 HRD 전략으로 고려할 수 있다.
- 이론적 배경으로는 인간수행공학(Human Performance Technology: HPT)에 기초한다. 성과중심패러다임에서는 먼저 성과를 유지하거나 증진하는데 문제가 되는 요소들을 찾는다. 이때 HPT가 유용한 사고의 틀을 제공해 준다. 뒤에 시스템 접근에서 좀 더 설명하기로 하자.
- 학습에 대한 이 패러다임의 관점은 학습이란 다양한 HRD 전략 중 하나이며 필요하다면 전략으로 실천할 수 있다. 즉 학습의 중요성은 인정한다. 그러나 HRD에서 항상 필수적인 것은 아니다.
- 대표적인 학자들의 특징은 교육학이나 성인교육학 이외에 다양한 학문적 배경을 갖는다. 대표적인 학자로 Jacobs, Swanson, Holton 등이 있다.

수년 전부터 HRD를 바라보는 제 3의 패러다임이 등장했다. 사실 전통적인 학습패러다임과 성과패러다임 이외에 새로운 패러다임의 논의는 오랫동안 있어 왔으나 그 목소리는 소수였고 연구성과 역시 일천하였다. 그러나 HRD 환경 변화와 영역의 확대로 다음과 같은 이슈들을 강조하는 목소리가 커지게 되었다. 우선 새로운 패러다임의 목적은 학습 및 성과 패러다임과 마찬가지로 조직의 성공에 있다. 이를 위한 주요 관심은 개인의 일에 대한 전문성 향상과 함께 삶의 질에 있다. 일에 대한 전문성은 오랫동안 HRD에서 주요 관심의 대상이었다. 이에 더하여 새로운 패러다임에서는 조직구성원의 '삶의 질' 에 관심을 갖는다. 삶의 질에 대해서는 좀 더 많은 논의와 연구가 있어야 하겠지만, 최근 일과 삶의 균형, 저녁이 있는 삶 등의 이슈와 함께 삶의 대부분이 일터와 직 · 간접적으로 연계되어 있어 개인적으로 일터의 성공은 곧 삶의 성공으로부터 그리고 삶의 행복이 곧 일터의 행복으로 연계되는 것에 주목할 필요가 있다. 결국 HRD는 구성원 자신과 그들이 처한 상황 및 삶의 경험이 서로 상호작용하여 내적 성장을 도모하고 이를 위해 자신의 주도성과 권한 확대가 필요하다. 이때 HRD의 역할은 학습을 통한 개인의 인지적 발달과 함께 정서적, 도덕적, 창의적 그리고 관계적 발달이 될 수 있도록 조력해야 한다. 이와 같은 제 3의 패러다임은 학문적 배경이 비판이론에 근거하고 있다. 즉 기존의 현상에 대한 비판적 시각을 통해 그동안 우리가 간과했었던 이슈에 대해 고민하고 새로운 방법을 찾는 관점에서 비롯되었다. 결국 초점은 조직은 일의 목표, 직무, 구조, 생산성, 그리고 성과를 넘어 개인의 정신적 · 신체적 행복을 강조하면서 결국 HRD의 새로운 패러다임의 핵심은 인간임을 강조한다. 따라서 새로운 패러다임에서 학습은 성과 패러다임과 마찬가지로 HRD 전략들 중 하나라고 볼 수 있다.

어떤 패러다임이 맞고 틀리다고는 말할 수 없다. HRD 담당자라면 학습에 대해 어떤 포지셔닝을 할 것인가에 대해 고민해 볼 필요는 있다. 개인, 팀, 조직의 문제파악 및 해결 프로세스로 HRD를 정의할 때 성과중심패러다임이 HRD를 이해하는데 더 유용한 틀을 제공해 주는 것은 사실이다. 왜냐하면 학습이 개인, 팀, 조직의 문제를 해결할 수 있는 만병통치약은 아니기 때문이다.

또한 HRD 담당자는 성인학습에 대한 이해를 위해 성인학습이론들을 습득함으로써 학습중심패러다임의 HRD에 더욱 전문성을 갖출 수 있다. 학습패러다임 역시 조직의 성과에 기여해야 한다는 점에서 결과주의에 한계를 갖고 있으며 더욱이 학습을 강조하면서도 교육과 학습의 과정(process)을 보는 시각은 결여되어 있다(전정호, 2010). 즉 교육과 학습의 과정은 결국 어떻게 잘 가르칠까와 어떻게 잘 학습할까의 문제로 귀결되며 이는 성인학습이론에서 아이디어를 얻을 수 있다. 특히 본 책이 시스템적 관점에서 HRD를 강조하지만 일터에서 성인들인 조직구성원들의 학습을 촉진하고 이들이 공식적으로 학습할 수 있는 교육훈련 프로그램을 주로 개발·진행하는 HRD 담당자에게 성인학습자의 특성과 성인학습이론에 대한 이해는 필요조건이다. 성인학습자의 특성과 성인학습이론들 그리고 HRD와의 관련성에 대한 설명은 [부록]을 참고하기 바란다.

3. 간학문적 접근의 중요성을 이해하고 시스템 접근으로 무장하자

HRD는 경영학이나 심리학 등과 같이 하나의 독립적 학문으로서 조건을 갖추었다(조대연, 2006). 독립적 학문영역이라면 독자적인 이론이 있는가라는 질문을 받는다. 불행히도 HRD는 아직까지 HRD 현상을 설명할 HRD만의 독자적인 이론을 갖지 못하고 있다. 그러나 다양한 학문영역으로부터 이론들을 받아들여 HRD의 현상을 설명하고 이해하려 한다. 이런 학문적 특성을 간학문적 접근이라고 한다.

그렇다면 왜 HRD는 간학문적 접근을 가질 수밖에 없는가?

그림 1　Jacobs의 간학문적 성격으로서 HRD

HRD의 정의에서 그 이유를 찾을 수 있다. HRD는 개인, 팀, 조직차원의 문제파악 및 해결 프로세스라고 정의하였다. 파악된 문제를 해결하는데 다양한 솔루션(즉 HRD 전략)들이 활용될 수 있다. 경우에 따라서 교육이 해결책이 될 수 있다. 따라서 HRD는 교육학, 특히 성인교육학이나 교수매체 등에 관심을 기울여야 하며 이들 영역으로부터 이론적 토대를 갖고 오게 된다. 또 다른 경우에는 HRM에서 해결책을 갖고 올 수 있으며 이를 위해 HRM 관련 이론들과 친해질 필요가 있다.

　　HRD는 교육학, 경제학, 심리학, 조직행동론 그리고 시스템 이론으로 구성된 간학문적 성격의 영역이다(Jacobs, 1990)([그림 1] 참조). 먼저 교육학으로부터 성인학습과 교수매체 등에 대한 이론적 토대를 제공받는다. 경제학의 경우 미시경제학을 기초로 ROI와 같은 HRD 투자 대비 회수에 대한 이론을 제공한다. 심리학으로부터 산업 · 조직심리학에서 진단도구에 대한 이론들을 제공받는다. 조직행동론의 경우 HRM에 기초한 이론들을 HRD에 제공한다. 그리고 시스템 이론은 문제를 진단하고 해결하는 과정인 HRD 개념 차원에

그림 2 Swanson과 Holton의 간학문적 성격으로서 HRD

서 보면 가장 중요한 이론적 토대가 된다. 왜냐하면 시스템 이론은 투입−과정−산출의 인과적 관계로 구성되어, 산출의 성과가 낮을 때 문제는 과정 또는 투입요소에 있기 때문이다. 즉 문제의 원인을 찾는 유용한 틀이 시스템 이론에서 도움을 받는다.

Swanson과 Holton(2001:92−93)은 HRD의 이론적 기초를 경제학, 시스템 이론, 그리고 심리학으로 보았다([그림 2] 참조). 경제학 이론은 투자와 수입 등 자금과 관련된 이론적·실천적 지식을 제공함으로써 조직의 주요 동력이며 생존 매트릭스이다. 시스템 이론은 output과 관련한 목적, 구성요소, 그리고 구성요소 간 관계를 생각하는데 도움을 준다. 심리학 이론은 문화적 그리고 행동적 측면에서 생산과 혁신의 주체로서 인간을 인식하는데 도움을 제공한다. 또한 Swanson과 Holton은 윤리학을 특별히 강조하면서 윤리학이 경제학, 시스템 이론, 심리학의 토대를 이룬다고 하였다. 이는 HRD가 인간과 인간이 속한 팀 그리고 조직을 관심대상으로 하기 때문에 HRD 그리고 HRD 담당자는 강한 윤리성이 요구됨을 강조한 것이다.

HRD에 대한 Swanson과 Holton의 간학문적 성격이 Jacobs과의 가장 큰 차이점은 성인학습에 대한 교육학이 언급되지 않았다는 점이다. Swanson과 Holton은 학습동기 등 교육학의 범주에 있는 이론들을 심리학에서 제안하고 있다. 이를 보아도 Swanson과 Holton은 HRD 패러다임 중 성과패러다임에 속함을 알 수 있다.

　　HRD 담당자는 HRD의 간학문적 특성 중에서 특별히 관심이 가는 학문영역이 있기 마련이다. 이는 자신의 경험이나 전공에 따라서 다양할 수 있다. HRD 담당자는 위에서 언급한 모든 학문영역에 모두 마스터가 될 필요도 없고 될 수도 없다. 다만 HRD 전문가로서 개인, 팀, 조직의 문제를 파악하고 원인을 찾는데 유용한 시스템 이론으로 무장할 필요는 있다.

4. HRD에서 시스템 접근이 어떻게 활용되는지 확인하자

　　그렇다면 HRD에서 시스템 이론 또는 접근이 무엇이며 이들이 어떻게 활용되는지 살펴보자. HRD에서 시스템 이론은 일반시스템 이론(general system theory)을 의미한다. 시스템 이론 또는 시스템 접근하면 떠올려야 하는 것이 [그림 3]과 같은 박스와 화살표의 구성이다. 즉 하나의 시스템은 Input, Process, Output으로 구성된다. 또한 이들 구성요소들은 화살표로 표현되는 인과 관계를 갖는다. Input은 process에 영향을 미치고 Process는 다시 output에 영향을 미친다. 결국 Output은 Input과 Process의 조화를 통해 만들어진다. 만약 Output에 문제가 있다면 그 원인은 Process와(또는) Input에 있다. Output의 결과는 다시 process와 input으로 피드백됨과 동시에 output이 인접한 다른 시스템에 영향을 미친다. 이를 feedforward라한다.

　　위에서도 언급하였지만, 시스템 이론은 하나의 개체를 시스템으로 보는 관점을 의미하며 동시에 문제의 원인을 찾을 수 있도록

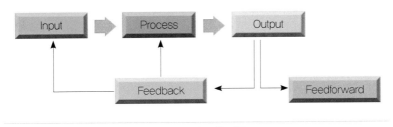

그림 3 시스템 접근

생각하는 방식이기도 하다. 우리가 일하는 조직을 하나의 시스템으로 바라봄으로써 조직이 갖고 있는 문제점과 원인을 파악할 수 있다. 이와 같은 논리는 개인, 팀 또는 작업라인, HRD, HRD 프로세스, HRD 프로그램에도 적용될 수 있다. 즉 조직과 조직내 모든 구성요소들이 시스템이며 이들은 각자의 고유한 기능과 함께 다른 시스템들과 상호작용한다. 하나의 시스템 또는 조직내 하위 시스템으로서 HRD도 같은 맥락에서 이해할 수 있다.

　　HRD에서 시스템 접근과 관련하여 두 가지 용어에 대한 이해가 필요하다. 하나는 Systemic 접근과 다른 하나는 Systematic 접근이다. Systemic 접근은 생각하는 방식에 대한 것으로 대상을 보는, 인식하는, 구성하는 관점을 의미한다. 즉 인과적 흐름을 갖는 객체로 대상을 바라보는 것을 말한다. 반면 Systematic 접근은 순차적 단계를 의미한다. 예를 들면, ISD모델에서 ADDIE 모형이 대표적인 예이다. 첫 단계 다음에 두 번째 단계 그리고 세 번째 단계로의 순차적 흐름을 표시한다. 또한 단계들끼리 원인과 결과의 관계가 형성된다. 따라서 Systematic 접근은 문제를 파악하고 원인을 분석하는데 유용한 HRD tool이라 할 수 있다.

　　HRD에서 시스템 접근의 활용은 크게 조직수준, 작업라인 또는 팀 수준, 그리고 개인수준에서 찾을 수 있다. 조직을 하나의 시스템으로 본다면 [그림 4]와 같다. '시스템으로서의 조직' 은 HRD 담당

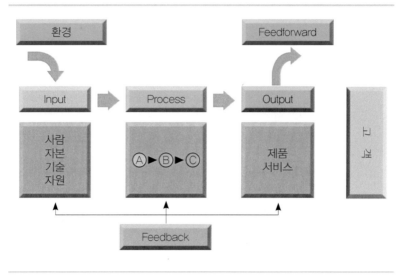

그림 4 시스템으로서의 조직

자들에게 몇 가지 함의를 제공한다.

첫째, 조직의 output인 제품과 서비스에 문제가 있을 때 무엇이 원인인가를 찾아내는데 유용하다. 왜냐하면 시스템 관점에서 output은 input 요소들과 process의 상호작용을 동해 만들어시기 때문이다. process를 들여다봤을 때 문제가 없다면 input 요인들에 문제가 있을 수 있다.

둘째, output인 제품/서비스와 시장에서 고객의 관계가 드러나 있다. 조직에서 미션 선언문은 조직이 만들어내는 output과 고객의 관계를 진술한 것이다.

셋째, 일반적으로 조직을 그려본다면 대부분 수직적 위계구조로 표현된다. 예를 들면, CEO가 가장 위의 가운데 부분에 놓이고 아래로 조직의 구조를 그려나간다. 그러나 이런 수직적 위계구조의 조직 구조도에는 고객이 없으며 그 조직이 무엇을 하는지가 분명하지 않다. 수직적 위계구조는 조직을 관리하기 위한 구조도이다. 반

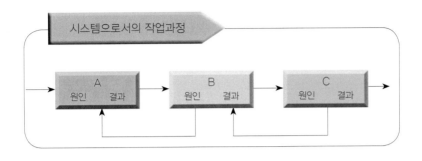

그림 5 시스템으로서의 작업과정

면 [그림 4]와 같이 수평적 조직구조도에는 제품과 서비스를 만드는 과정이 가장 핵심이며 HR과 다른 기능들은 지원적 역할을 수행한다. 또한 고객이 조직 구조도에 포함되어 있어 조직과 고객의 관계를 명확히 제안할 수 있다.

하나의 '시스템으로서의 작업과정(workflow)'은 HRD 담당자들에게 다음과 같이 몇 가지 함의를 제공한다([그림 5] 참조). 첫째, 작업과정이 A−B−C−D로 이어질 때 B를 중심으로 A는 투입, B는 프로세스, 그리고 C는 산출로 생각할 수 있다. 다시 C를 중심으로 B는 투입, C는 프로세스, D는 산출이 된다. 결과적으로 작업과정을 하나의 시스템으로 볼 때 작업과정에서 발생한 문제의 원인을 찾을 수 있는데 도움을 준다. 둘째, A−B−C−D를 하나의 팀단위로 한다면 B팀은 A팀에서 만든 제품을 받아 적절한 작업행동들을 통해 C팀에 제품을 넘겨주어야 한다. 만약 이때 B팀이 A팀으로부터 불량제품을 받아 적절한 작업행동을 통해 C팀에 넘겨준다면 결국 산출물은 불량품이 된다. 따라서 B팀의 리더는 A팀에서 올바른 작업행동을 하고 있는지 그리고 만든 제품은 불량품이 없는지 확인해야 할 것이다. 결국 B팀의 리더는 B팀의 관리와 함께 A팀과 C팀의 작업 등에 대해 관심을 기울일 필요가 있다.

마지막으로 [그림 6]과 같이 직무수행자 개인을 하나의 시스템으로 볼 수 있다. 이는 인간수행공학(HPT)과 같은 맥락에서 이해할 수 있다. 직무수행자 차원의 투입요인은 다시 조직차원과 개인차원으로 구분할 수 있다. 조직차원은 조직의 미션, 가치, 문화, 분위기 등과 함께 조직에서 정해지는 직무기대와 직무표준 등이 개인의 직무수행 행위에 영향을 미치는 투입요소가 된다. 개인차원의 투입요인으로는 직무수행자가 갖고 있는 업무수행역량이 해당된다. 역량이란 지식, 기술, 태도의 혼합을 통해 무엇인가를 할 수 있는 파워로 정의할 수 있다(조대연, 2009a). 따라서 조직차원과 개인차원의 투입요인이 개인의 직무수행 행위에 영향을 미치고 다시 직무수행 행위는 성과로 연결된다. 즉 성과는 직무관련 적절한 행위의 결과를 의미하며 비용, 질, 그리고 양 차원에서 성과를 다시 평가해 볼 수 있고 이러한 성과평가를 통해 경제적 또는 비경제적 보상, 승진, 인정 등의 결과를 얻게 된다. 이처럼 개인을 하나의 시스템으로 볼 때, 조직차원과 작업차원에서와 마찬가지로 문제의 원인을 파악하는데 도움을 준다.

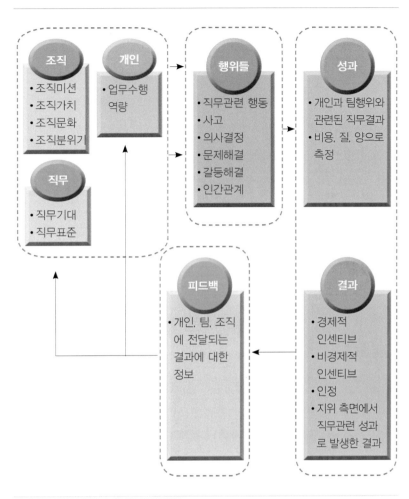

그림 6 **시스템으로서 직무수행자 개인**

Human
Resource
Development
Essence

Chapter 2

Data 수집 및 분석가

HRD 담당자는 HRD 프로그램 또는 솔루션을 제안하고 개발하기 위해 다양한 출처로부터 의미 있는 자료를 수집하여 분석해야 한다. 이는 조직내 HRD관련 의사결정자가 가장 효과적으로 의사결정을 할 수 있도록 지원하기 위함이다. 이를 위해 본 장에서는 먼저 HRD 담당자가 하는 일(Work)을 하나의 시스템적 관점에서 바라 본 HRD 프로세스에 대해 이해하고 요구분석과 직무분석에 대해 설명한 후 주요한 자료수집 방법과 분석 방법을 소개한다.

1. HRD 프로세스를 이해하자

[그림 7]의 HRD 프로세스는 HRD담당자들이 조직에서 하는 일의 흐름을 시스템적 관점에서 설명하고 있다. 첫 단계는 Input에 해당하는 분석단계이다. 분석단계에는 대표적으로 전략적 기획(Strategic planning), 요구분석, 성과분석, 직무분석 등 다양한 분석전략들이 포함된다(조대연, 2009b). 그러나 이러한 분석작업은 데이터 수집을 통해 이루어지며 분석된 자료 역시 또 다른 분석을 위한 데이터가 된다. HRD 프로세스가 화살표로 이어지는 원인→결과/원인→결과의 인과적 선형모형을 취하고 있기 때문에 첫 단계인 분석단계가 가장 중요하다고 볼 수 있다. 즉 첫 단추가 잘 꿰져야 그 다음 단추들이 잘 꿰지는 것과 같은 이치이다.

HRD 프로세스의 두 번째 단계는 설계와 실행단계이다. 위의 분석단계에서 다양한 출처로부터 자료를 수집하고 분석한 결과를 바탕으로 HRD 프로그램을 설계·개발하고 실행하는 과정을 의미한다. 이때 우리가 주로 사용하는 HRD 프로그램은 교육훈련(T&D), 조직개발(OD), 그리고 경력개발(CD)프로그램들이다. 그러나 지금 이 시간에도 많은 HRD 연구자와 실천가들이 이들 세 가지 주요 프로그램 이외에 HRD에서 제공할 수 있는 프로그램을 연구·개발하고 있다. HRD 프로그램 설계 및 개발에 대한 부분은 제5장에서 자세히

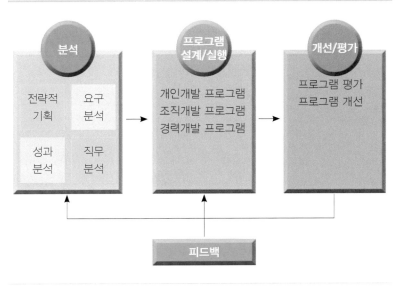

그림 7 HRD process

설명하기로 하자.

　세 번째 단계는 평가 및 개선단계이다. HRD 프로그램이 실행되면 평가가 이루어지지고 그 결과는 다시 첫 단계인 분석의 자료가 된다. 또한 평가결과는 HRD 프로그램을 설계·개발하고 실행하는 과정에 환류되어 HRD 프로그램의 개선을 도모한다. HRD 평가는 HRD 담당자들에게 꾸준한 관심의 대상이다. 자신들이 계획하고 실행한 프로그램과 그 프로그램에 함께 한 학습자들을 대상으로 무엇을, 어떻게 그리고 어느 시점에서 평가해야 하는지 관심을 가질 수밖에 없다. 또한 자신들의 노력이 조직차원에 어떤 영향을 미치는지를 확인하여 보고함으로써 조직내 HRD의 입지가 보다 탄탄해질 수 있다. 평가에 대해서는 제 6장에서 자세히 설명하기로 하자.

2. HRD 프로세스에서 첫 단계인 분석에 먼저 집중하자. 그리고 이를 위해 자료수집에 관심을 기울이자

　　(가) **전략적 기획**은 주로 경영 전략적 차원에서 우리 조직이 앞으로 어느 곳에 있는 무엇을 어떻게 지향해야 하는지에 대해 분석하는 작업을 의미하며 이를 위해 데이터 수집은 HRD 담당자에게 기본 과업 중 하나이다. 어떻게 보면 HRD 부서에서 조직의 전략적 기획을 주도하는 것이 현실적으로 어려운 것도 사실이다. 그러나 전략적 기획을 통해 전략적 HRD가 가능하다. 만약 전략적 기획이 HRD 부서에서 실시하기 어려울 때 경영전략실 등 기획부서의 전략적 기획에 참여하거나 또는 참여하기 어려운 경우 그 결과를 공유할 필요가 있다. 이는 조직내 HRD 부서가 조직이 나아가야 할 방향을 인지하고 그에 따라서 전동적(proactive)으로 HRD 프로그램을 제안·개발·실행해야 하기 때문이다.

　　전략적 기획도 다음에서 설명하는 큰 범주의 요구분석 가운데 하나의 방법이라고 할 수 있다. 전략적 기획은 [그림 8]과 같이 현재 우리 조직과 관련된 상황을 분석한다. 예를 들면, 현재 상태에 있어서 다음과 같은 질문에 답을 한다.

- 현재 우리는 누구인가?
- 현재 우리의 고객은 누구인가?
- 현재 우리는 무엇을 하고 있는가?
- 현재 중요한 사람들에게 우리는 어떻게 인식되고 있는가?
- 현재 조직으로서 갖고 있는 개성은 무엇인가?

　　이상의 질문들에 답을 기초로 그 다음 단계인 볼록렌즈의 양식을 빌려 내부 상황의 스크리닝을 진행한다. 이는 마치 SWOT 분석

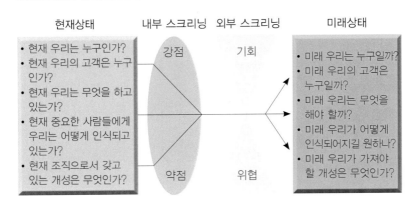

출처: Witkin, B. R., & Altschuld, J. W. (1995). *Planning and conducting needs assessments: A practical guide.* Thousand Oaks, CA: Sage. p. 212.

그림 8 **전략적 기획**

에서 S(Strength)인 강점요인과 W(Weakness)인 약점요인을 파악하는 것과 같다. 내부 환경 스크리닝의 결과를 갖고 외부 환경 스크리닝 과정을 거친다. 이는 SWOT 분석에서 O(opportunity)인 기회와 T(Threat)인 위협요인을 찾아서 다양한 외부 환경의 요인들을 확산적으로 살펴보는 단계이다.

즉 조직 내부의 강점과 약점을 바탕으로 다양한 외부 요인들을 고려하여 위 그림의 가장 오른쪽에 위치한 미래 수준의 질문들에 대한 답을 찾는다. 그 답은 현재 수준의 질문에 대한 미래의 답이며 우리 조직이 나아갈 방향이다. 미래수준에서 제기할 수 있는 질문들은 다음과 같다.

- 미래 우리는 누구일까?
- 미래 우리의 고객은 누구일까?
- 미래 우리는 무엇을 해야 할까?
- 미래 우리가 어떻게 인식되어지길 원하나?

■ 미래 우리가 가져야 할 개성은 무엇인가?

이와 같은 정보를 수집하기 위하여 조직내 HRD 부서도 정기적으로 경영전략실과 R&D 부서 등의 전문가인 임원 약간 명(6-8명 정도 적당)을 대상으로 2-3시간 정도의 전략적 기획 회의(전문가 협의회)를 진행할 필요가 있다. 이때 가장 중요한 것은 위 그림의 가장 오른쪽에 있는 미래 지향점(what should be)에 대한 답을 얻는 것이다. 시간절약과 효율적 회의진행을 위해 다양한 회의진행 방법 가운데 명목집단기법(Nominal Group Technique) 사용을 권한다. 명목집단기법을 활용한 전략적 기획회의의 사례를 아래 간략히 소개하고자 한다.

본 저자는 2010년에 H그룹의 인재개발원 주관 하에 경영전략실과 R&D 부서의 임원들을 대상으로 2회의 전략적 기획 회의를 진행한 바 있다. 즉 앞서 그림에서 오른쪽에 있는 질문에 답을 찾기 위한 회의였다. 전문가로 참가한 경영전략실 임원들은 전략적 기획 회의 시작 전 이구동성으로 자신들이 해야 하는 일을 왜 인재개발원에서 하는지 의문을 제기하였다. 저자는 참가자들에게 여러분이 미래의 생존을 위해 수립한 또는 생각하고 있는 경영전략, 신상품, 신기술이 무엇인지를 파악하여 HRD 부서가 좀 더 전동적으로 여러분들을 지원하기 위함이라고 설득하였다. 전략적 기획 회의를 위해 인재개발원에서 1회당 5-7명의 임원들을 십외하였고 사전에 본 회의의 목적을 설명하고 H그룹이 미래 무엇을 가지고 누구를 위해 어떻게 해야 하는지에 대한 정보를 수집하였다.

전략적 기획은 조직내 C 레벨들이 생각하는 미래지향적 방향 및 전략에 대한 정보를 수집하고 분석하는 과정이다. 따라서 거시적 차원의 경영진 니즈라고 할 수 있다. HRD 프로그램을 기획할 때 경영진의 니즈를 파악하고 충분히 만족시키는 노력이 필요하다(김선희, 박성민, 권정언, 2004). 앞에서 H그룹의 사례처럼 HRD 부서에서 전략적 기획의 실천이 쉽지 않은 것은 사실이다. 이럴 경우 C 레벨들인 경영진 니즈를 수집하기 위해서 다양한 비공식적인 방법들이 활용될 수 있다. 예를 들면, CEO의 신년사와 연설문 분석, 경영진 회의에 HRD 담당자의 배석, 이것도 어렵다면 회의록 분석 등이 비공식적 방법일 수 있다.

(나) **요구분석**은 현재수준과 바람직한 수준(또는 중요도, 필요도 등 다양한 이름으로 사용된다) 사이의 차이(Gap)를 규명하고 이들의 우선순위를 결정하는 체계적이며 과학적 과정이라고 할 수 있다(조대연, 2006). 이를 위하여 다양한 기법을 통해 현재 상태와 바람직한 상태에 대한 정보를 수집하고 이를 분석하여 우선순위를 결정하는 과정이 요구분석의 핵심이다. 따라서 요구분석 단계에서 HRD 담당자는 데이터의 수집과 분석의 전문가가 되어야 한다.

HRD 담당자로서 가장 익숙한 단어 중 하나가 요구분석일 것이다. 그럼에도 불구하고 요구분석을 제대로 실행해 본 HRD 담당자는 많지 않다. 여러 가지 이유가 있겠지만, 한 가지 가능한 이유로 위로부터의 요구(예를 들면, 경영층으로부터의 요구 또는 HRD임원의 지시)에 의해서 요구분석이 형식적으로 진행되거나 생략되는 경우도 있고, 선임자가 만든 또는 이전 진행한 프로그램을 아트적으로 수정함으로써 요구분석이 생략되는 경우도 있다. 또한 경쟁사를 벤치마킹함으로써 경쟁사가 하고 있기 때문에 우리도 해야 한다는 식으로 접근할 경우에도 요구분석은 제대로 실행될 수 없다. 그러나 이와 같은 방법들은 요구분석을 위한 data source를 제공하는 역할을 함에는 분명하다. 즉 벤치마킹 자체가 완벽한 요구분석은 될 수 없지만 요구분석을 위한 data는 될 수 있다는 것이다.

요구는 명사로서의 요구와 동사로서의 요구로 구분된다(Witkin

& Altschuld, 1995). HRD 담당자는 명사로서 요구에 관심을 가져야 한다. 명사로서의 요구는 현재상태와 바람직한 상태 사이의 차이 (Gap)를 의미한다. HRD 담당자는 요구를 파악하기 위해 현재상태 와 바람직한 상태를 각각 측정 또는 파악해야 하며 그 차이가 가치 (value)를 갖는지 살펴봐야 한다.

예를 들면, "현재 여러분의 지갑에는 얼마의 현금이 있나요? 그리고 바람직한 지갑의 현금 상태는 얼마인가요?" 이 두 질문은 측정 가능하다. 현재 1만원이 있는 사람이 10만원이 바람직하다고 응답한다면 9만원의 gap이 있는 것이며 이 9만원은 1만원이 있는 사람에게 가치가 있는 돈일 수 있다. 가치에 대한 판단은 HRD 담당자의 몫이다.

한편 "무엇을 원하는가?"에 대한 답을 구하기 위한 질문은 동사로서의 요구를 파악하기 위한 물음이다. 그런데 무엇을 원하는가에 대한 답을 응답자가 하고 그 원하는 것을 제공한다면 요구는 사라지게 된다. 즉 동사로서의 요구는 요구라기보다 해결책이다. 따라서 HRD 담당자들이 요구분석을 할 때 단순 선호도 조사처럼 응답자들에게 '무엇을 원하는가?' 또는 '수강하고 싶은 과목은?' 등의 질문은 요구분석을 위한 질문으로 적절하지 않다. 이와 같은 질문은 해결책을 응답자에게 직접 구하게 되는 것이기 때문이다. 해결책의 제안은 HRD담당자의 몫이다.

거시적 차원의 OEM(Organizational Elements Model) 모델을 기초로 요구분석을 설명한 Kaufman과 Valentine(1989), Watkins와 Kaufman(1996)은 요구를 진정한 요구와 준요구(Quasi need)로 구분하였다([그림 9] 참조). 다섯 가지 수준들 중 Product, output, outcome 수준, 즉 결과수준에서 현재상태와 바람직한 상태의 차이(Gap)를 요구라 하며 투입과 과정 수준에서 현재상태와 바람직한 상태의 차이를 준요구라고 보았다. 따라서 요구분석의 대상은 투입요인이나

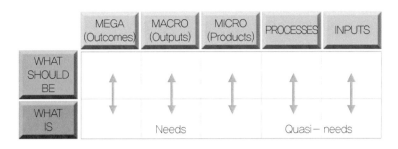

출처: Watkins, R., & Kaufman, R.(1996). An update on relating needs assessment and needs analysis. Performance and Instruction, 35(10), pp. 12-13.

그림 9 Organization Element Model

진행과정에서의 Gap을 분석하기보다 결과수준들에서의 Gap을 분석해야 한다는 주장이다. 결과수준의 요구를 충족하기 위해 소요되는 경비와 이를 무시했을 때 발생하는 경비를 기초로 우선순위를 결정하여 가장 중요하고 즉시 해결해야 할 요구를 결정하는 공식적 과정으로 요구분석을 정의하였다. 한편 이에 대해 Witkin(1992)은 OEM에서 제시한 요구분석을 실제로 행한 것은 찾아보기 어려우며 실제 요구분석이 결과 중심의 거시적 관점보다 투입과 과정상에서 발생하는 Gap을 찾는 미시적 관점에서 주로 행해진다고 지적하기도 하였다.

교육요구분석은 HRD 담당자들이 가장 관심을 갖는 요구분석이다. 앞에서 지갑의 현금을 예로 들면서 요구를 설명한 바 있다. 그 예는 지갑내 현금에 대한 요구라 할 수 있다. HRD 담당자는 조직, 팀, 그리고 개인 차원에서 다양한 종류의 요구를 파악한다. 이 중 교육요구분석이 HRD담당자들에게 가장 익숙한 표현이다. Sork(2001)는 교육 또는 학습기회를 통해 변화 가능한 지식, 기술, 태도 등 능력의 현재수준과 바람직한 수준의 차이를 교육요구로 보았다. 김진화(2001)는 학습자가 처한 현재상태와 바람직한 상태의 차이이며 교요구분석에서 데이터 수집 및 분석가로서 HRD 담당자들을 위해 몇 가지 **실천적 Tip들**을 소개하고자 한다. 조대연(2006, 2009b)에 따르면, 첫째, 자료수집을 최소한 두 가지 이상의 방법들(예를 들면, 설문 + 면접 또는 설문 + 전문가협의회 등)을 함께 사용할 필요가 있다. 각각의 자료수집 방법들은 장점과 단점들을 갖고 있기 때문에 이들을 서로 보완하기 위해서 두 가지 이상의 방법들을 함께 사용할 필요가 있다.

둘째, 가장 많이 사용하는 방법은 설문기법이다. 설문을 사용할 때도 현재상태와 중요도 또는 필요도를 측정하기 위해 두 가지 척도를 함께 활용해서 Gap을 파악하고자 노력해야 한다. 아래 요구분석을 위한 설문을 실시할 때 사용할 수 있는 양식의 일부를 제시하였다.

현재수준					직무역량 항목	필요 수준				
매우 부족 하다	다소 부족 하다	보통 이다	다소 양호 하다	매우 양호 하다		전혀 필요 없다	거의 필요 없다	보통 이다	약간 필요 하다	매우 필요 하다
①	②	③	④	⑤	커뮤니케이션	①	②	③	④	⑤
①	②	③	④	⑤	갈등해결	①	②	③	④	⑤
①	②	③	④	⑤	...	①	②	③	④	⑤

셋째, 요구분석 실시 대상을 1수준(프로그램 수혜자)은 필수로 하고 가급적 2수준(프로그램 제공자)까지도 고려해야 한다. 두 개 수준의 결과가 다른 것을 걱정할 필요는 없다. 우리의 역할은 정보를 수집하고 분석해서 그 결과를 갖고 의사결정자가 가장 효과적으로 의사결정을 할 수 있도록 지원하는 것이다.

넷째, 우선순위 결정 노력에 관심을 가져야 한다. '다음 중

듣고 싶은 과목은?'이라고 묻는 단순 선호도 조사에서 응답자의 항목별 단순 평균, 빈도, 비율 등 숫자놀이에서 벗어나 보다 체계적인 방법들과 절차들을 활용할 필요가 있다. 예를 들면 조대연(2009b: 173)은 설문을 통한 요구분석에서 우선순위 결정 과정을 다음과 같이 제안하였다.

(1) t 검정을 통해 각 역량별 세부행동의 현재수준과 중요 수준의 차이를 대략적으로 파악한다. 그러나 t 값은 크게 도움을 주지 못한다. t 검정이 두 수준의 차이가 0(zero)이라는 영가설의 기각여부에 관심이 있기 때문이다.

(2) Borich의 요구도 공식에 의해 요구도 값을 산출하여 가중치에 따른 우선순위를 1위부터 마지막 순위까지 결정한다. Borich의 요구도 공식은 다음과 같다. 그러나 Borich의 요구도 순위는 HRD 담당자에게 어느 순위까지를 높은 순위로 고려해야 할지 망설이게 한다. 즉 시간, 경비 등 여건을 고려하여 적절하게 그리고 아트적으로 순위를 결정할 수밖에 없는 한계를 갖는다. 이를 극복하기 위해 다음 단계의 the Locus for Focus 모델의 장점을 고려할 필요가 있다.

$$\text{Cal En} = \Sigma\left(\left[\text{In}-\text{Co}\right]\right)(\text{Ig})/N$$

Cal En = 계산된 교육요구
Co = 인식되어진 역량(현재수준)
In = 중요도
Ig = 항목의 중요도 평균
N = 사례 수

(3) The Locus for Focus 모델을 통해 좌표평면에 항목들의 점수를 계산하여 그 위치를 결정한다. The Locus for Focus 모델은 두 개의 축으로 구성되며 가로축의 중앙값은 중요 수준의 평균값이고 세로축의 중앙값은 현재

수준과 중요수준의 Gap 차이의 평균값을 의미한다(그림 10 참조). The Locus for Focus 모델은 결과를 시각화함으로써 결과를 쉽게 의사결정자와 공유할 수 있는 장점이 있다.

(4) The Locus for Focus 모델의 1사분면(즉 중요도도 높고 Gap 도 높은 항목들)에 포함된 항목 수를 파악하여 그 개수만큼 Borich 요구도의 상위순위에 포함된 항목들을 결정한다.

(5) Borich 요구도 상위순위 항목들과 The Locus for Focus 모델의 1사분면에 제안된 항목의 중복성을 확인하여 공통으로 해당되는 항목을 최우선순위 항목들로 결정한다. 그리고 Borich의 요구도와 The Locus for Focus 모델 중 하나에서만 강조된 항목은 차순위 항목으로 분류한다.

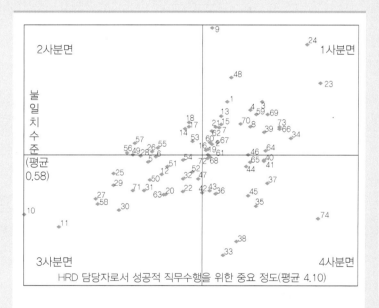

그림 10   HRD담당자 역량에 대한 The Locus for Focus 모델 분석 결과(예시자료)

육적 행위로 해결될 수 있는 상태를 교육요구로 정의하였다. 결과적으로 교육요구분석이란 교육내용 및 교육방법 등 다양한 교육관련 이슈들 가운데 현재수준과 바람직한 수준을 확인하고 그 차이를 기초로 우선순위를 제안하는 과정이다.

교육요구분석은 HRD 프로세스로부터 문제해결을 위한 솔루션이 교육으로 한정될 때만 진행한다. 이를 좀 더 명확히 이해하기 위해서 **요구분석과 요구사정**(need assessment)의 **개념구분**이 필요하다. 요구사정은 보다 거시적 차원에서 이루어지는 정보수집과 분석의 노력이다. 예를 들면, 조직의 다양한 요소 또는 기능들에 대해 현재수준과 미래 바람직한 수준을 확인하고 그 gap을 파악하여 우선순위를 결정한 후 원인을 분석하여 그 원인을 제거 또는 완화시킬 해결책과 차선책 등을 제안한다. 반면 요구분석은 요구사정에서 확인된 특정 영역 또는 기능의 gap을 분석하는 기술적·미시적 과정이다. 즉, 요구분석은 요구사정에 이어 진행될 수 있는 부분으로 구체적인 해결책을 마련하기 위한 과정이다(조대연, 2006). 따라서 요구사정내 또는 요구사정에 이어서 요구분석이 실시된다. 교육요구분석은 조직내 요구사정에 의해 교육이라는 특정영역에서 우선순위가 높았을 때 이를 제거 또는 완화하기 위한 해결책으로 교육프로그램을 제안하는 과정을 말한다.

(다) **성과분석**은 개념과 방법적인 면에서 요구분석과 매우 흡사하다. 요구분석은 다양한 대상의 요구를 분석한다. 그래서 요구분석 앞에 분석의 구체적 대상이 붙는다. 요구분석의 구체적 대상이 교육이면 교육요구분석이고 성과에 대한 요구분석을 성과분석이라고 보면 이해가 쉬울 것이다. 즉 성과분석은 현재 성과 수준과 바람직한 성과 수준의 차이를 파악하고 우선순위를 파악하여 그 차이를 극복하기 위한 솔루션을 제안하기 위한 과정이라 할 수 있다. 따라

서 요구분석이 이해되면 성과분석은 어렵지 않게 이해될 수 있다. 왜냐하면 개념 및 과정, 그리고 자료수집방법과 우선순위 결정 방법 등이 동일하게 사용되기 때문이다.

일반적으로 조직에서 성과분석의 대상은 HRD의 기본 분석단위인 개인, 팀(또는 프로세스), 그리고 조직이다. 즉 개인차원의 성과분석, 팀(또는 프로세스)차원의 성과분석 그리고 조직차원의 성과분석이 이루어질 수 있다. **조직차원의 성과분석**은 앞의 1절에서 언급한 '시스템으로서 조직(organization as a system)'으로 설명될 수 있다. 조직차원의 성과란 고객을 감동시켜 다시 구매할 수 있도록 상품과 서비스의 경쟁력을 높이는 것이다. 결국 조직차원의 성과는 '시스템으로서 조직'의 투입(input) → 과정(process) → 산출(output)에서 마지막 산출에 해당되는 상품과 서비스에 의해 결정된다. 따라서 조직차원의 성과분석 출발점은 산출단계로부터 시작된다.

만약 산출물인 상품과 서비스가 고객으로부터 부정적인 반응을 얻었을 때, 현재 성과와 바람직한 성과 사이의 Gap을 분석할 필요가 있다. 파악된 Gap의 원인은 산출 전(前)단계인 과정이나 또는 투입요소에서 찾을 수 있다. 왜냐하면 산출(결과)은 투입과 과정의 결합을 통해 만들어지기 때문이다. Rummler와 Brache(1995)는 조직차원에서 성과에 영향을 줄 수 있는 변수로 전략, 조직목표, 조직구조, 그리고 자원배분을 들었다. 이 변수들 역시 시스템 접근에서 투입과 과정에 해당되는 변수들이다.

우리는 여기서 두 가지를 짚고 넘어가자. 우선 조직차원의 성과분석은 마치 Kaufman이 제안한 OEM 모델과 같은 맥락에서 이해할 수 있다. OEM은 결과에서의 Gap과 그 Gap의 원인을 찾는 노력을 강조하였기 때문이다. 둘째, 현재 성과와 바람직한 성과 사이의 Gap과 그 원인을 분석하는 것이 성과분석이지만, 조직차원에서 성과분석이 행해진다면 이는 마치 요구사정(need assessment)과도 같다. 왜냐하면 조직을 대상으로 조직이 갖고 있는 성과 문제점을 파악하는 과정이고 성과 문제의 원인은 조직의 전체 범주를 다룰 수도 있기 때문에 요구사정과 같은 급으로 이해할 수 있다. 따라서 조직차원의 성과분석은 성과 관련 결과에 초점을 둔 요구사정이라 볼 수 있다.

팀(또는 프로세스)차원의 성과분석은 앞의 1절에서 언급한 '시스템으로서 workflow'를 통해 설명이 가능하다. 프로세스는 제품이나 서비스가 생산되는 흐름, 즉 작업의 흐름을 의미한다. A → B → C라는 작업 흐름을 생각할 때, A는 원인이며 B는 결과이다. 동시에 B는 C의 원인이며 C는 B의 결과이다. 조직내에서는 이런 작업흐름들이 교차기능적(cross functional)으로 진행된다. Rummler와 Brache(1995)는 성과관리를 위해 프로세스가 고객의 요구를 충족시킬 수 있도록 준비되어야 하고 효율성과 효과성을 고려해야 하며 프로세스 목적과 분석과 같은 측정은 고객과 조직의 요구사항에 의해 주도되어야 한다고 강조하였다. 이들의 지적은 프로세스 차원의 성과분석에서 바람직한 수준에 해당된다.

결국 팀(또는 프로세스) 차원의 성과분석은 현재수준을 파악하여 앞에서 언급한 바람직한 수준과의 Gap들을 찾고 우선순위 결정과 함께 그에 따른 해결책을 제안하는 것이라 할 수 있다. 그러나 실제적으로 작업흐름인 프로세스의 바람직한 성과는 경쟁력있는 제품과 서비스의 창출로 직결된다. 따라서 프로세스 차원의 성과분석은 대개 원인 → 결과/원인 → 결과(앞에서 언급한 A→B→C 관계)의 관점인 시스템적 접근을 통해 프로세스상의 문제파악 및 해결에 집중한다. 그렇다고 프로세스 차원의 성과분석이 GAP 접근을 포기한 것은 아니다. 또한 팀(또는 프로세스)차원에서 실행되는 성과분석의 최종 목표는 조직차원의 성과를 향상시키기 위한 것임도 잊지 말아야 한다.

개인차원의 성과분석은 '시스템으로서 업무수행자(Job performer as a system)'를 생각하면 쉽게 이해할 수 있다. 개인, 즉 업무수행자 차원의 성과란 행동의 결과이다. 행동은 조직차원의 투입요인들(예를 들면, 조직미션, 조직문화, 조직분위기, 조직가치, 직무에 대한 조직의 기대 그리고 직무기준 등)과 개인차원의 투입요인인 역량(지식, 기술, 태도의 결합을 통해 업무를 효과적·효율적으로 수행할 수 있는 파워)에 의해 결정된다. 따라서 개인차원의 성과분석이란 바람직한 수준의 성과와 현재 수준의 성과 사이 Gap을 파악하고 우선순위를 결정하여 저성과의 원인들을 행동과 투입요인들에서 찾는 과정이다.

결국 성과분석을 위해 HRD 담당자는 성과 관련 자료를 수집하고 이를 분석하는 능력을 함양해야 한다. 다행스럽게 요구분석에서 사용되는 자료수집 방법과 Gap 분석, 그리고 우선순위 확인 등의 기법 및 절차가 성과분석에서도 활용될 수 있다.

여기서 성과분석을 위한 틀 하나를 소개하자. Rummler와 Brache(1995)는 조직차원의 성과향상이 조직의 가장 큰 목표이며 세 가지 수준에서 성과를 점검할 필요가 있고 세 가지 수준별 성과분석의 포인트는 목표(goals), 디자인(design), 그리고 관리(management)라고 하였다. 따라서 성과의 세 가지 수준별 세 가지 성과분석(바람직한 수준 − 현재수준을 점검) 포인트별로 성과에 영향을 미칠 수 있는 변수들을 제안하였다([표 1] 참조).

세 가지 수준 각각의 목표(goal)는 제품과 서비스 품질, 양, 적시성, 그리고 비용에 대한 고객의 기대를 반영한 구체적인 기준(standards)과 관련된다. 세 가지 수준 각각의 설계(design)는 목표들이 효율적으로 충족될 수 있도록 필요한 구성요소(structure)들이 잘 구성되어 있는가와 관련된다. 마지막으로 관리(management)는 각각 세 가지 수준의 목표들이 현재 도달 정도를 측정하고 성공적으로

표 1   9개 성과 변수

성과의 세 가지 수준	세 가지 성과 요구		
	목표	설계	관리
조직 수준	조직 목표	조직 설계	조직 관리
프로세스 수준	프로세스 목표	프로세스 설계	프로세스 관리
직무/개인 수준	직무 목표	직무 설계	직무 관리

출처: Rummler, G. A., & Brache, A. P. (1995). Improving performance: How to manage the white space on the organization chart. San Francisco: Jossey-Bass Publishers. p. 19.

달성되고 있는지를 확인하는 노력(practice)과 관련된다.

(라) **직무분석**은 하나의 직무(Job)에 대한 구성요소, 특성, 요건을 중심으로 직무를 명확히 정의하고 직무를 수행하는데 필요한 행위 중심의 세부 작업(task)을 도출하는 체계적 과정을 의미한다. 예를 들면, HRD 담당자는 하나의 Job title이다. HRD 담당자로서 수행해야 할 세부 과업(Task)을 도출하는 체계적 과정을 직무분석이라 하며 직무분석을 통해 도출된 책무(Duty)와 과업(Task)은 직무수행자의 행위들로 표현된다. 또한 직무수행에 필요한 지식, 기술, 태도의 도출 등을 포함하기도 한다. 그리고 직무정의에 대한 정보는 HRD 담당자들이 쉽게 접근할 수 있다. 지금까지 많은 직무분석에서 직무정의가 이루어져 왔고 우리나라의 경우 한국직업능력개발원의 직무분석 결과나 한국고용정보원의 직업사전에 많은 직업/직무의 정의가 이루어져 왔다.

직무분석의 개념적 그리고 실천적 범주에 대해서는 학자 및 실천가마다 다른 견해를 보인다. 이들 견해를 종합해 보면 직무수행 행위를 포함하여 이를 위해 필요한 지식, 기술, 태도를 도출하는 과정(Noe, 2008), 능력, 책임, 타 직무와 구별되는 요인 등을 밝히는 과정(송상호, 1997)을 강조하면서 직무분석을 과업분석(task analysis)과 내용분석(content analysis)까지를 포함하는 넓은 범주로 보는 경향이 있다.

반면, 박용호 외(2011)는 직무분석에 과업분석 및 내용분석을 포함하였을 때 HRD 담당자들이 직무분석을 실행하는데 부담을 느낄 수 있다고 주장하면서 직무분석을 직무수행의 행위인 책무와 과업을 규명하는 것으로 한정해야 한다고 주장하였다. 싱가포르의 기술교육훈련센터(ITE)도 교육훈련 프로그램 개발에서 직무분석과 과업분석 그리고 내용분석을 명확히 구분하고 있다.

그렇다면 과업분석과 내용분석을 알아보자. **과업분석**은 직무분석을 통해 도출된 과업을 내용전문가들을 참여시켜 분석하는 과정으로, 직무분석에서 도출된 과업들을 수행하기 위해 필요한 절차(step)를 파악하고 각 절차의 수행에 필요한 지식(기술을 포함), 태도, 안전이슈 등을 분석하는 것을 의미한다. 지식에 기술을 포함하는 이유는 요즘 multitasker들이 활성화됨에 따라서 하나의 직무수행에 필요한 지식과 기술을 명확히 구분하는 것에 어려움이 있기 때문이다.

내용분석은 과업분석에서 도출된 지식, 태도, 안전이슈 등을 다시 한 번 다양한 기준(예를 들면, 사실, 개념, 절차, 원리 등)에 따라 다시 분석하는 과정을 의미한다. 내용분석의 결과는 교육시킬 학습내용의 계열을 징하는 기초자료로 활용된다. 예를 늘면, 과제분석에서 도출된 지식 두 가지가 있다고 할 때 한 가지는 개념이고 다른 한 가지는 원리라면 그리고 쉬운 것에서 어려운 것으로 학습내용의 계열화를 구성하고자 한다면 개념을 먼저 전달하고 원리를 이후에 학습자에게 전달하는 순서로 학습내용의 계열화가 이루어진다.

직무분석에 과업분석과 내용분석을 포함하는 것이 적절한 것인지 생각해 볼 필요가 있다. Norton(1997)에 의하면, 하나의 직무

(job)에는 75-125개의 과업이 도출된다고 한다. 직무분석에서 도출된 125개의 과업을 모두 분석하는 것은 너무나 비효율적이다. 왜냐하면 직무분석을 통해 도출된 과업 중 HRD 프로그램으로 구성될 수 있는 비율은 제한적이기 때문이다. 예를 들어, 비서의 과업 중 '커피타기'가 있다면 이 과업이 요구분석 또는 성과분석을 통해 높은 요구를 보이는지를 우선 확인해야 하며, 요구가 높다고 하더라도 '커피타기'라는 과업은 교육훈련 프로그램으로 개발하기보다 무형식학습 또는 자기학습(self-study)을 통해 필요한 지식과 기능을 습득할 수 있다. 즉, 직무분석을 통해 도출된 75-125개의 과업을 모두 분석하고 또한 내용분석까지를 진행한다면 HRD 담당자들에게 시간적·경제적으로 많은 부담이 될 수 있다.

조대연과 박용호(2011)는 최근 10년간 국내 직무분석 연구동향을 분석하여 다음과 같은 결론을 내렸다. 첫째, 다양한 직무분석 기법들 가운데 DACUM(Developing A CurriculUM)이 가장 많이 활용되고 있으며 DACUM을 통해 도출된 과업의 타당도를 확인(DACUM은 6-8명 정도의 내용전문가들로부터 얻은 결과이며 이를 실제 일터의 종사자들에게 설문을 통해 과업의 빈도, 난이도, 중요도, 필요도 등의 정보를 얻는 과정을 의미함)하기 위해 설문을 이용하고 있다. 둘째, 직무분석의 결과물은 도출된 책무와 과업의 결과를 표로 정리한 직무분석표가 가장 높은 비율(약 47%)을 보였고 직무분석표와 함께 설문을 통해 난이도, 빈도, 또는 중요도를 파악한 직무명세서가 그 다음 순위였다.

직무분석 결과의 타당도를 확인하는 작업인 설문작업은 요구분석과 같은 맥락에서 실시될 수 있고 분석 역시 Borich의 요구도를 포함해 우선순위 결정 과정과 같은 분석과정을 거친다. 예를 들면, 직무분석에서 도출된 과업들의 타당화를 위해 설문을 할 때 현재 빈도와 중요도를 함께 묻는다고 하면, 두 수준의 차이, 즉 gap을 확인할 수 있고 요구분석에서 활용된 분석방법들을 통해 과업의 우선순위를 결정한 후 높은 우선순위를 보인 과업을 대상으로 과업분석과 내용분석이 이루질 수 있다. 따라서 직무분석 자체는 앞에서 설명한 전략적 기획, 요구분석 그리고 성과분석과는 성격이 다르지만 직무분석 결과를 활용한 분석의 방법적 측면에서 유사하다고 할 수 있다.

→→ HRD의 기본 용어들

Jacobs(2000)는 HRD에서 활용되는 가장 기본적인 용어들을 다음과 같이 정의하였다. 즉 HRD 담당자라면 누구나 익숙한 용어들이기 때문에 개념적 차원에서 쉽게 간과하고 넘어가는 용어들이기도 하다. 따라서 익숙한 용어들이지만 그 용어들에 포함된 개념적 정의를 살펴봄으로써 HRD에 대해 확실히 기초를 다지자는 의미로 아래 용어들을 간략히 소개하고자 한다.

1. Behavior: 직무수행자의 업무수행(action)행위를 의미하며 눈에 보이는 action뿐만 아니라 고등정신기술(예를 들면, 문제해결, 갈등해결, 의사결정 등)까지를 포함한다.
2. Performance: Behavior의 결과를 의미한다. 그러나 Performance를 생각할 때는 performance의 양과 질, 그리고 투입된 비용과 시간 등을 고려해야 한다. 또한 Performance와 Behavior 간의 관계를 생각해 보자. 항상 정적인 관계가 있는지? 아니라면 그 이유는 어디에 있을까? 하나의 가능한 답으로 Performance는 행동과 행동의 원인인 투입 요소들과의 결합을 통해 나타난다. 따라서 바람직한 수준의 performance와 현재 수준 간의 Gap이 있다면 그 원인을 찾

기 위해 투입과 행동을 점검해 보아야 한다.

3. Exemplary Performance: 구성원들의 performance 가운데 가장 높은 performance를 의미한다. 예를 들면 한 자동차 영업소 영업사원들의 지난 달 성과를 볼 때 가장 높은 실적을 나타낸 판매사원의 실적이 Exemplary performance가 된다.

4. Worthy Performance: Performance를 산출하는데 투입된 비용과 시간 등을 고려한 가치가 가장 높은 performance를 의미한다. 예를 들면, A와 B, 2명의 자동차 세일즈맨 가운데 c라는 차종의 이번 한 달간 A의 performance는 10대를 팔았고 B는 8대를 팔았다고 하자. 그리고 투입된 시간이 A는 20일을 일했고 B는 10일을 일했다고 할 때 Worthy performance가 높은 사람은 B이다.

5. PIP(the potential to improve the performance): exemplary performance와 각 개인의 typical performance의 차이를 의미한다. 즉 위 예에서 A가 exemplary performance이고 B의 PIP는 10−8인 2가 된다. 만약 2대를 판매한 가장 낮은 performance를 보인 C는 10−2인 8이 PIP가 된다. 여기서 함의점은 역량을 포함해 모든 조건이 같다면 C도 A만큼, 8대를 더 판매할 수 있는 발전 가능성이 있다는 점이다. HRD 담당자는 PIP개념을 활용하여 모든 임직원이 중요한 우리의 내부고객임을 잊지 말아야 한다.

6. Needs: 바람직한 수준과 현재수준의 gap을 의미한다. 요구분석은 gap 파악과 함께 우선순위를 결정하는 과정까지를 포함한다. 관련된 성과분석과 직무분석은 앞에서 이미 설명하였다.

7. Problem: 요구 가운데 특별한 의미를 갖는 요구를 말한다.

가치가 있고 즉시적으로 해결해야 할 요구를 문제라 할 수 있다.

8. Symptom: 문제 발생 그리고 발생된 문제를 파악할 수 있는 indicator들을 의미한다. 예를 들면, 신제품이 출시된 이후 콜센터로 고객들의 항의전화가 3배 증가하였다면 항의전화 숫자가 신제품에 문제가 발생했음을 알 수 있는 indicator가 된다. 또한 고객의 항의전화 내용을 분석했을 때 가장 많이 언급되는 문제점을 확인할 수 있다.

9. Cause: 성과분석이나 요구분석에서 현재수준과 바람직한 수준 간 gap이 발생하게 된 원인을 의미한다.

10. Solution: 원인(cause)을 제거할 수 있는 방법들을 의미한다. HRD 차원에서 주로 활용되는 solution은 교육훈련(T&D), 조직개발(OD), 그리고 경력개발(CD) 프로그램들이다. 그러나 점차 HRM, 심리학 등 다른 인접영역에서 solution을 HRD영역으로 갖고 오거나 접목시켜 새로운 solution들을 개발하고 있다.

11. Accomplishment: 우리가 바라는 성과에 대한 진술문을 의미한다. 이를 기초로 직무표준(job standard) 등이 구성된다.

Human
Resource
Development
Essence

Chapter 3

비즈니스 민감성에 기초한
Content Free 전문가

기업을 포함한 다양한 조직에서 HRD 관련 업무를 오랫동안 해온 베테랑 가운데 HRD 담당자 또는 HRD 전문가보다 교육담당자 또는 기업교육 담당자라는 말에 더 익숙할 수도 있다. 교육담당자라고 하면 HRD의 여러 solution 중 하나인 교육만을 담당하는 자로 해석할 수 있고 이는 우리가 하는 일을 너무 소극적으로 축소하는 결과를 초래한다. 1장의 HRD 역사에서도 언급하였듯이 교육훈련(T&D)에서 시작한 HRD는 이미 30−40년 전 T&D를 넘어 확장이 이루어진 전문적 영역이다. 이를 공고히 하기 위해 HRD 담당자는 전략적(strategic) HRD를 이해하고 다양한 solution들을 제안하고 개발하는 노력을 기울여야 한다.

1. 전략적 HRD를 이해하고 실천하자

조직에서 교육훈련에 집중된 HRD가 진행된다면 HRD 부서와 담당자는 항상 조직의 필요에 의해 수동적으로 움직이는 역할만을 수행하게 된다. 예를 들면, 신입사원이 입사할 시기에 신입사원교육이 운영되며, 승진 체계가 있기 때문에 승진예정자를 위한 교육프로그램이 개발·진행된다. 좀 더 발전된 HRD의 예로 새로운 조직문화 도입으로 이를 전사적으로 이해할 수 있는 기회 제공을 위해 교육이 진행되며, 경영층으로부터 혁신마인드를 제고할 필요가 있다는 메시지가 전달되면 HRD 부서는 이를 구현할 수 있는 교육프로그램을 개발·진행한다. 지금까지 예들의 공통점은 HRD부서와 담당자가 조직이 부여한 HRD 역할을 수동적으로 이행하는 모습이라고 할 수 있다. 따라서 조직내 HRD는 지원부서이며 경영전략에서 멀리 떨어져 있는 외곽부서로 인식될 수밖에 없다.

반면 전략적 HRD란 교육훈련을 포함하여 다양한 HRD 프로그램들을 활용해 조직의 비즈니스 전략에 도움이 될 수 있는 프로그램을 전동적(proactive)으로 제안·실행하는 것을 의미한다. 즉 경영전략적 차원에서 HRD를 바라보며 조직의 전반적인 비즈니스 성공을 위해 독자적인 기여를 할 수 있는 HRD활동을 전략적 HRD로 정의한다(Garavan, 2007). 이는 경영전략의 목적과 HRD의 실제가 연계되어 HRD 부서가 CEO의 전략적 파트너가 됨을 뜻한다.

사실 전략적 HRD는 기존 HRD와 다른 새로운 패러다임은 아니다. Robinson과 Robinson(2008)은 전통적 HRD란 개인차원에서 업무환경 및 능력에 대한 요구를 충족시키는 역할을 수행했고 전략적 HRD는 전통적 HRD의 역할뿐만 아니라 성과요구 및 비즈니스 요구를 충족시켜야 함을 강조하였다. 이와 같은 주장은 지금까지 언급한 HRD에서도 계속 강조되어 왔던 것이 사실이다. 즉 전략적 HRD의 등장은 기존 HRD가 교육훈련에 집중한 결과의 반성에서 등장한 것이지 HRD란 이미 전략적 HRD에서 강조하는 모든 것을 포함한다고 볼 수 있다. 다만 그동안 조직내 HRD가 제대로 그 기능을 다하지 못했기 때문에 제대로 잘 해보자는 차원에서 전략적 HRD가 제안되고 강조된 것이다.

이러한 문제의식을 바탕으로 HRD 연구자들에 의해 전략적 HRD를 최종 목표로 HRD 발전 단계들이 제시되었다. Lee(1996)는 교육훈련의 성숙도를 체계적인 교육훈련이 없음, 교육훈련이 발생되는 문제에 지엽적으로 대응, 교육훈련이 운영 관리에 통합, 교육훈련이 조직의 전략과 변화 달성의 수단이 됨, 교육훈련과 학습이 전략을 구체화하는데 기여, 교육훈련과 학습이 전략으로 형성되는 과정의 6단계로 유형화하여 제시하였다. Lee(1996)가 제시한 단계를 살펴보면 상위 단계로 갈수록 교육훈련이 전략과 밀접해지고, 전략 형성에 기여함을 알 수 있다. Gilley와 Maycunich(1998)가 제시한 HRD 발전 단계 또한 HRD가 전략적 HRD를 지향하여 변화하는 모습을 제시하고 있다. 이처럼 전략적 HRD는 HRD의 궁극적인 변화 방향으로 볼 수 있다.

이와 같은 전략적 HRD는 다음 두 가지 차원에서 HRD 담당자들에게 시사하는 바가 크다. 첫째, HRD 담당자는 조직이 직면한 국내·외 비즈니스 환경변화에 전동적·주도적으로 대처하기 위한

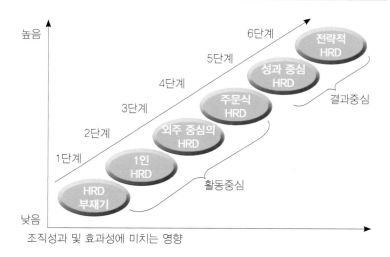

출처: Gilley & Maycunich(1998). *Strategically integrated HRD: Partnering to maximize organizational performance*. Cambridge, MA: Perseus. p. 27.

그림 11 **HRD 발전 단계**

HRD 차원의 미래지향적인 처방을 제안해야 한다. 이 과정은 매우 계획된 과정이다(Garavan, 2007). 미래가치를 지원하는 HRD란 미래 경영가치를 창출하고 미래 인적자원을 지원하는 전략적 HRD의 특징이다(송영수, 2009a:80). 따라서 최근 국내기업의 핵심가치 정립과 전파를 위한 HRD 부서의 노력은 미래지향적 가치창출로 볼 수 있다. 둘째, 전략적 HRD를 실행하기 위해 조직의 HRD는 비즈니스 전략 및 경영현장과 직접적으로 연계하고, HRD 부서는 CEO의 전략적 파트너로서 역할을 수행해야 한다.

그러나 불행히도 아직까지 조직에서 이와 같은 전략적 HRD를 기획하고 실천하기에는 많은 어려움이 있다. 특히 교육훈련에 초점을 둔 HRD를 운영하는 조직의 경우 전략적 HRD는 그저 구호에 그칠 수밖에 없다. 그럼에도 불구하고 HRD 담당자는 전략적 HRD를 하나의 목표점으로 삼고 묵묵히 지향하는 노력을 경주해야 한다.

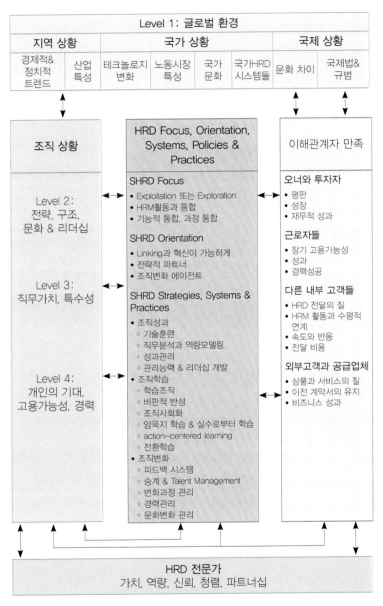

Level 1: 글로벌 환경							
지역 상황		국가 상황				국제 상황	
경제적& 정치적 트렌드	산업 특성	테크놀로지 변화	노동시장 특성	국가 문화	국가HRD 시스템들	문화 차이	국제법& 규범

조직 상황

Level 2:
전략, 구조,
문화 & 리더십

Level 3:
직무가치, 특수성

Level 4:
개인의 기대,
고용가능성, 경력

HRD Focus, Orientation, Systems, Policies & Practices

SHRD Focus
• Exploitation 또는 Exploration
• HRM활동과 통합
• 기능적 통합, 과정 통합

SHRD Orientation
• Linking과 혁신이 가능하게
• 전략적 파트너
• 조직변화 에이전트

SHRD Strategies, Systems & Practices
• 조직성과
　◦ 기술훈련
　◦ 직무분석과 역량모델링
　◦ 성과관리
　◦ 관리능력 & 리더십 개발
• 조직학습
　◦ 학습조직
　◦ 비판적 반성
　◦ 조직사회화
　◦ 암묵지 학습 & 실수로부터 학습
　◦ action-centered learning
　◦ 전환학습
• 조직변화
　◦ 피드백 시스템
　◦ 승계 & Talent Management
　◦ 변화과정 관리
　◦ 경력관리
　◦ 문화변화 관리

이해관계자 만족

오너와 투자자
• 평판
• 성장
• 재무적 성과

근로자들
• 장기 고용가능성
• 성과
• 경력성공

다른 내부 고객들
• HRD 전달의 질
• HRM 활동과 수평적 연계
• 속도와 반응
• 전달 비용

외부고객과 공급업체
• 상품과 서비스의 질
• 이전 계약서의 유지
• 비즈니스 성과

HRD 전문가
가치, 역량, 신뢰, 청렴, 파트너십

출처: Garavan, T. (2007). A strategic perspective on human resource development. Advances in Developing Human Resources, 9(1), 17.

그림 12 Contextual and dynamic framework for SHRD

조직내 C 레벨에서 HRD부서 및 담당자들의 노력을 제대로 알아주지 않는다 할지라도 그리고 교육훈련 계획과 진행 또는 고용보험환급을 위한 문서작업에 시간적 여유가 없다고 하더라도 전략적 HRD를 향해 스스로의 전문성을 신장시킬 필요가 있다.

그렇다면 HRD 담당자는 전략적 HRD를 기획하고 실행하기 위해 어떠한 전문성을 개발해야 하는가? 이에 대한 답을 얻기 위해서는 먼저 전략적 HRD는 구체적으로 어떠한 모습인지를 확인해 볼 필요가 있다. Garavan(2007)은 전략적 HRD의 상황적 그리고 역동적 틀을 제시함으로써 전략적 HRD가 환경 및 조직 상황 그리고 이해관계자 만족과 관련된 활동이며, 조직성과·조직학습·조직변화와 관련하여 전략적 HRD가 실천되어야 함을 강조하였다([그림 12] 참조).

정은정(2012)은 전략적 HRD 구성요인을 통해 전략적 HRD의 핵심 요소를 파악하고자 하였다. 즉 전략적 HRD는 전략적 HRD 지원 환경과 전략적 HRD 실천 활동으로 구분할 수 있다. 첫째, 전략적 HRD 지원 환경의 요소로는 비전·목표 이해 및 설정, 내·외부 환경 분석을 통한 전략수립, 전략실행 지원 시스템 구축이 포함된다. 둘째, 전략적 HRD 실천 활동 요소로는 전략과 연계된 HRD, 변화에 대한 동기부여, 경력개발 및 성장지원, 전략적 파트너십 형성이 고려될 수 있다. 이들 요소를 살펴보면, 전략적 HRD 지원 환경 요소는 경영전략을 수립하고, 실행하는 것과 관련되며 전략적 HRD 실천 활동 요소는 조직 구성원들과 전략을 연계하여 이들의 변화와 성장을 촉진하는 것과 관련된다.

이와 같은 Garavan(2007)과 정은정(2012)이 제안한 전략적 HRD의 모습은 HRD 담당자가 무엇에 초점을 두어야 하는지에 대한 시사점을 제공한다.

첫째, HRD 담당자는 지역, 국가, 그리고 글로벌 차원의 비즈니스 이슈와 관련된 환경과 조직 내부의 상황을 파악하기 위해 정보를 수집해야 한다. 전략적 HRD는 HRD 단독으로 존재하는 것이 아니라 Garavan(2007)과 정은정(2012)이 제안하였듯이 전략적 HRD를 둘러싼 환경과 밀접히 관련된다. 특히 전략적 HRD 주요 환경 요소가 경영전략의 수립과 실행이라는 점에서(정은정, 2012), 우리 조직의 경영전략 방향에 대해 지속적으로 자료를 수집해야 한다. 특히 경영전략을 논의하고 수립하는 미팅에 적극적으로 참여해야 하며 이것이 용이하지 않을 때 회의자료 및 결과보고서 등의 자료를 수집해야 한다. 그래야 비즈니스 전략과 연계된 HRD 전략(또는 프로그램)을 전동적·주도적으로 수립·제안할 수 있다.

둘째, 전략적 마인드를 제고해야 한다. 입수한 경영전략의 정보를 이해하고, HRD 전략을 주도적으로 수립·실천하기 위해서는 HRD 담당자의 전략적 안목이 필수적으로 요구된다. 즉 HRD 담당자의 전략적 마인드가 뒷받침되어야만 전략과 연계된 HRD의 실행이 가능하다.

셋째, 다양한 HRD 전략에 익숙해야 한다. Garavan(2007)의 모델에서 전략적 HRD 전략들이 기존 HRD 전략들과 비교했을 때 새로운 것이 아니다. 글로벌 환경과 조직 상황에 맞게 비즈니스 전략과 연계되고 경영의 전략적 파트너로서 역할을 수행하기 위해 어떤 HRD 프로그램들을 수립하고 실천할 것인가를 결정해야 한다. 이때 HRD 담당자는 교육훈련을 넘어 다양한 HRD 전략들에 대해 전문성을 갖추어야 한다.

2. Content Free 전문가가 되자

미국의 대다수 건물에는 'smoke free'라는 문구가 붙어 있다. 초중고교 인근에 'school zone'이라는 표지판과 함께 'weapon free'라고 쓰여 있는 표지판이 있다. 'smoke free'는 담배로부터 자유로운 곳이므로 금연구역을 의미하며 'weapon free'는 무기로부터 자유로운 곳을 의미한다. HRD 담당자는 content free, 즉 내용으로부터 자유로운 전문가가 되어야 한다.

HRD의 영역이 점점 확대됨에 따라서 HRD 담당자도 자신만의 전문성을 발휘할 수 있는 HRD content를 갖고 있어야 한다는 말을 간혹 듣게 된다. 코칭 전문가, 학습조직 전문가, 액션러닝 전문가 등으로 불리는 것이 그 예가 될 수 있다. 그러나 이런 것은 조직의 HRD 담당자로서 또는 HRD 전문가로서 경계해야 한다. 왜냐하면 하나의 HRD 솔루션만으로 조직, 팀, 그리고 개인이 직면한 문제를 해결할 수 없기 때문이다. 즉 HRD는 만병통치약이 아니다. 더욱이 HRD에서 하나의 솔루션 역시 당연히 만병통치약이 될 수 없다.

앞에서 HRD의 영역이 점점 더 확대되고 있다고 했다. 그 이유는 기존 HRD 솔루션으로는 조직, 팀, 개인이 처한 문제를 해결하는 데 한계가 있기 때문에 인접영역(예를 들면, HRM, 심리학 등)에서 솔루션을 갖고 오거나 적어도 그들과 협력한다. 그럼에도 불구하고 HRD 담당자들이 하나의 솔루션에 집중하여 많은 문제를 그 솔루션으로 해결하고자 한다면 HRD의 효과성은 담보할 수 없게 된다. 즉 코칭 전문가는 코칭으로 문제를 해결하고자 한다. S-OJT 전문가는 S-OJT를 주된 해결책으로 생각한다. HRD 담당자는 HRD의 구체적인 내용으로부터 자유로운 솔루션 전문가가 되어야 한다. 파악된 문제에 대해 최적의 솔루션을 제공하기 위해서 HRD 담당자는 HRD 솔루션들의 개념적 정의, 특징, 장·단점 등을 잘 알고 있어야 한다.

Content Free 전문가는 다른 차원에서도 접근할 수 있다. 기업 등 조직에서 현장경험은 매우 중요하다. 그러나 현장경험이 있는 사람만이 HRD 프로그램을 개발할 수 있는 것은 아니다. 예를 들면, 영업사원을 위한 교육 프로그램을 개발하는 데 영업에 대한 경험이 없다고 해서 프로그램 개발이 불가능하지 않다. 오히려 영업이라는 경험은 영업사원을 위한 교육프로그램 개발에 도움이 될 수도 있지만 해가 될 수도 있다. 내가 경험했던 영업에 대한 경험은 나만의 경험일 수 있다. 영업사원으로서 나의 경험이 모든 영업사원의 경험이 아닌 나만의 독특한 경험일 수 있기 때문이다.

또 다른 예를 들어보자. 필자는 교사연수 프로그램 개발에 참여한 교사, 장학사, 교감 그리고 교장을 대상으로 HRD 프로그램 개발 절차를 전달하고 실제 이들이 초등과 중등별 그리고 각 교과별로 5차시 분량의 연수프로그램을 개발하는 과제에 컨설팅을 진행한 적이 있다. 중간발표 때의 일이다. 모든 팀들이 필자가 제안한 HRD 프로그램 개발 절차에 따라서 요구분석 등 분석의 과정을 거쳐 교수요목을 결정하는 프로세스와 그 결과를 발표하였다. 그러나 한 팀만이 프로그램 개발 절차를 따르지 않고 팀원들이 모여 필요한 내용을 결정해 중간발표에 임했다. 그 팀의 생각은 이러했다. 20년 이상 자신들의 교사경력을 바탕으로 대학 교재의 목차를 구성하듯 프로그램 내용을 발표하는 정도였다. 이들은 내용전문가의 입장에서 프로그램 개발에 임한 것이다.

HRD 담당자는 철저하게 내용으로부터 자유로운 틀(frame) 전문가가 되어야 한다. HRD 담당자가 영업 등의 풍부한 현장경험이 있다고 하더라도 HRD에서 업무를 수행하는 동안은 HRD라는 틀 또는 방법(Technique) 전문가가 되어야지 내용 전문가의 입장에서 프로그램을 개발하는 것은 경계해야 한다. 내용 전문가의 입장에서 프로그램을 개발할 때 정보수집과 분석/사정(assess)단계가 생략 또는 축소되어 책상에 앉아서 자신의 또는 소수의 일부 경험에 기초한 프로그램이 구성될 수 있기 때문이다.

Human
Resource
Development
Essence

Chapter 4

HRD Solution 전문가

HRD의 솔루션은 지금도 진화하고 있다. 또한 새로운 솔루션들이 인접 학문 또는 인접 실천영역에서 HRD에 들어오기도 하고 기존의 솔루션들이 발전된 모습으로 성장하기도 한다. 그러나 전통적으로 HRD에서 주로 활용하는 솔루션은 크게 다음과 같이 개인개발, 조직개발, 그리고 경력개발의 세 가지 영역으로 구분할 수 있다. 이들을 HRD의 3대 구성요소라고 한다. 세 가지 HRD솔루션에 대한 설명과 함께 대표적인 전략들을 살펴보자.

1. 개인개발(employee development)

(가) 개인개발의 개념: 개인개발은 HRD 현장에서 가장 많이 사용하는 솔루션이다. 연구자에 따라 'individual development' 또는 'employee development'로 불리어진다. Gilley와 Eggland(1989)는 개인개발을 개별 조직 구성원들이 현재 또는 미래 자신의 직무를 수행하는데 필요한 역량을 파악하고 평가하여 개발하도록 도움을 제공하는 것으로 정의하였다. 권대봉(1998)은 계획된 학습활동을 통해 핵심업무 수행능력의 개발을 돕는 것으로써 개인이 현재와 미래에 있을 직무를 성공적으로 수행할 수 있도록 돕는 것을 개인개발로 정의하였다. 또한 Jacobs와 Washington(2003:344)은 모든 조직구성원들이 조직의 목표를 지원하는데 있어 그들의 모든 잠재능력을 발휘하는데 필요한 현재 또는 미래 역량을 갖도록 일정 기간 이상 제공되는 계획된 프로그램들의 통합된 세트로 정의하였다.

개인개발은 목적과 내용 그리고 시점으로 크게 구분하여 정의를 이해할 필요가 있다. 우선 개인개발의 목적은 직무수행을 성공적으로 하기 위한 것이며 이는 조직의 목표달성에 기여함을 전제로 한다. 개인개발의 내용은 직무수행에 필요한 역량과 능력을 증가시킬 수 있는 학습기회를 제공하기 위한 계획된 프로그램을 의미한다. 마지막으로 시점에는 약간의 이견이 있다. 현재와 미래에 모두 강조를 두지만 먼 미래에 필요한 직무능력을 향상시키는데 개인개발이 관심을 갖는다고는 볼 수 없다. 더구나 개인개발은 직무 관련 능력과 역량을 향상시키는데 도움을 제공하기 위한 것이므로 현재와 가까운 미래로 그 시점을 제한하는 것이 필요하다. 따라서 이를 종합하면 개인개발이란 조직구성원이 현재 또는 가까운 미래의 직무에 기대수준을 만족시킬 수 있도록 필요한 능력 또는 역량을 향상시키기 위해 계획된 학습기회를 제공하는 프로그램들을 의미한다. 그리고 그 프로그램들은 많은 경우 교육훈련(Training & Development) 프로그램들로 명명된다.

(나) 개인개발의 구분 및 전략: Jacobs(2000)의 기준에 따라서 개인개발을 구분해 보면 다음과 같다. 첫째, **형태에 따라서** Awareness training, Managerial training, 그리고 Technical training으로 구분할 수 있다.

- Awareness training은 조직구성원의 의식 및 인식 제고를 위한 교육훈련 프로그램을 의미한다. 예를 들면, 조직의 새로운 핵심가치에 대한 이해를 증진시키기 위하여 매일 아침 핵심가치 및 실천사례에 대해 사내방송을 시청하거나 각 교육 프로그램마다 핵심가치를 전파하기 위한 강좌를 포함하는 것이 한 예가 될 수 있다.
- Managerial training은 관리능력 제고를 위한 프로그램을 의미한다. 예를 들면, 리더십 교육과 과·차·부장과 임원승진 후보자 과정 등에 포함될 수 있다. 물론 전체적으로 볼 때 승진후보자 과정은 Managerial training에 포함될 수 있으나 그 세부 모듈은 경우에 따라서 Awareness training일 수 있고 Technical training일 수도 있다. 즉 세부모듈이 관리자로서의 역할에 대한 의식제고를 내용으로 한다면 Awareness training

이 될 수 있고, 관리자로서의 직무에 초점을 둔 교육내용의 경우 Technical training으로 볼 수 있다.

■ Technical training은 직무수행능력을 높이기 위한 프로그램으로 개인개발 전략의 많은 부분을 차지한다. 예를 들면 모든 직무교육이 Technical training에 포함된다.

(다) **교육훈련이 실시되는 장소에 따라서** 집합교육(Off-the-Job Training), 현장교육(On-the-Job Training) 그리고 원격교육(Distance learning & training)으로 구분할 수 있다.

■ 집합교육은 업무 현장으로부터 벗어난 곳에서 실시되는 교육훈련으로 가장 높은 실시비율을 보인다. 연수원의 강의실에서 실시되는 강사주도의 교육훈련이나 퍼실리테이터에 의해서 진행되는 집단 워크숍이 가장 대표적인 예이다.

■ 현장교육은 직무수행 장소에서 실시되는 교육으로 경력사원의 지도아래 신입사원이나 직무순환에 의해 처음 직무를 접하는 구성원들에게 제공되는 교육훈련을 의미한다. 많은 기업이 신입사원을 대상으로 신입사원입문교육 후 현업 배치 전 다양한 직무를 경험하게 할 목적으로 일정 기간 동안 OJT를 실시한다. 그러나 현장에서 OJT의 실시에 대해 비계획적인 준비로 인해 학습내용의 비구조화, 학습결과의 비예측성, 학습내용전달의 비일관성 등의 단점이 드러났고, 이를 해결하기 위해 구조화된 OJT가 대두되었다(Cho, 2009; Jacobs, 2003).

■ 원격교육은 지난 10년간 가장 강조된 학습내용의 전달방법 가운데 하나이며(정은정 & 조대연, 2011) 동시에 많은 기대를 받았던 개인개발 전략 중 하나이다. 원격교육은 트레이

너와 학습자가 다른 장소와 다른 시간에 있으면서 어떤 매체를 활용하여 교수-학습이 일어나는 형태의 교육을 말한다. 즉 시간과 공간의 제약을 벗어날 수 있는 점에서 집합교육의 단점을 극복할 수 있는 방법으로 주목받았다. 원격교육은 1세대인 우편원격교육을 포함하여 TV 방송, 가상대학, 텔레컨퍼런싱, 웹기반 학습으로 발전해 왔다(Moore & Kearsley, 2005). 이와 같은 발전은 테크놀로지의 발전과 함께 해 왔다. 특히 웹기반 e-learning은 기대만큼이나 실망도 컸던 것이 사실이다. 2000년대 들어 e-learning은 HRD의 새로운 패러다임을 주도하는 대명사로 대두되었다. 그러나 e-learning에서 핵심은 여전히 학습(learning)이 되어야 함에도 불구하고 시스템 개발 및 구축과 소프트웨어 개발 등 electronic에 치중함에 따라서 주객이 전도되는 상황도 발생하게 되었다. 이후 e-learning에 대한 아쉬움을 극복하기 위한 노력으로 'Beyond e-learning'이라는 책이 소개되기도 하였다. 오늘날은 스마트 폰과 패드의 발전으로 M-learning, Smart-learning 등이 HRD에 대두되고 있다. e-learning에서의 경험을 교훈삼아 M-learning이나 스마트 러닝에 대해 큰 기대와 빠른 움직임보다는 조심스러운 접근을 하고 있는 것이 사실이다.

Green과 McGill(2011)에 따르면 기업에서 강사주도의 강의실 교육이 가장 많이 활용되고 있다. 교육훈련의 약 70%가 강의실 교육이다. 또한 60%가 강사에 의해 전달된다. 한편 테크놀로지 기반 교육훈련은 2009년 36.3%에서 29.1%로 줄었다. 그러나 2011년 ASTD 컨퍼런스에서 ASTD 회장인 Bingham은 스마트 러닝과 소셜 러닝 테크놀로지의 발전으로 테크놀로지 기반 교육훈련이 증가할 것으로 예상하였다. 그렇다면 결국 강사주도의 강의실 교육과 테크놀로지 기반 교육이 함께 균형을 맞추는 교육훈련이 필요한 시점이라고 할 수 있다.

(라) **교육훈련의 접근법에 따라서** 개인 스스로 진행하는 자율학습(self-study), 소집단 또는 대집단 형태, 그리고 1대1 형태로 구분할 수 있다. 자율학습의 가장 대표적인 예는 자기주도학습을 들 수 있다. 소집단 또는 대집단 형태의 가장 대표적인 예는 강사주도의 집합교육, 교실강의, 소집단 워크숍, 액션러닝 등을 들 수 있다. 1대1 형태의 교육훈련은 OJT, S-OJT, 멘토링, 코칭 등이 포함된다. 물론 이들이 1대 소수 형태로 진행되기도 하지만, 전통적으로는 1대1 형태이다.

각각의 교육훈련 접근법은 나름 장점과 단점들이 존재한다. 예를 들면, 자율학습의 경우 조직구성원이 자율적으로 학습을 진행하기 때문에 교육훈련비용이 절약되는 장점이 있지만, HRD 담당자가 모든 개별 학습자의 학습과정을 관리 또는 통제할 수 없는 한계가 있다. 1대1 접근의 경우 업무현장에서 진행되며 즉각적인 피드백이 제공되므로 학습전이의 가능성이 높지만, 상대적으로 교육훈련에 대한 전문성이 약한 경력사원에 의해 진행되므로(외부 코칭의 경우 예외) 그 성과를 담보하기 어렵고 자율학습과 마찬가지로 HRD 담당자의 영역 밖에서 진행되기 때문에 그 과정은 HRD 담당자에게 블랙박스와도 같다. 소집단 또는 대집단 형태는 교육내용 및 전달 전문가에 의해 진행되므로 학습효과는 높을 수 있지만, 업무현장과 간격을 좁히는 것이 성패의 관건이 된다. 따라서 하나의 개인개발전략만으로 우리 조직의 HRD를 대표할 수 없음을 기억해야 한다.

아래에서는 대표적인 개인개발 전략들 가운데 자기주도학습, 코칭, OJT와 S-OJT 그리고 액션러닝을 소개하고 주요 특징들을 간략히 살펴보고자 한다.

자기주도학습: 자기주도학습이란 학습자 스스로가 학습요구를 분석하고 그 결과를 바탕으로 학습목표를 설정한 후 학습전략을 수립하고 학습과정을 실행하며 그 결과를 평가하는 데 있어서 학습자가 주도권을 갖는 학습형태를 의미한다(조대연, 2005a). 자기주도학습에서 학습자가 주도권을 갖지만 전문가의 도움이 필요할 수도 있다. 결국 자기주도학습의 성공 포인트는 학습자 자신에게 있으며 이를 위해 학습자 개인의 책무성이 강조된다.

역사적으로 자기주도학습은 성인학습의 주요 이론이며 실천이었다. Knowles에 의해 소개된 andragogy의 첫 번째 가정(assumption)인 '성인은 성숙할수록 자기주도적이다'에 기초하여 발전하였다. 이후 1970년대 후반까지 자기주도학습 실천의 재발견을 위해 다양한 성인학습자들을 대상으로 자기주도학습의 횟수와 지속성 그리고 자기주도학습을 실천하기 위한 과정과 그 과정 속에서 학습자 자신이 어떻게 학습과정을 통제하는가에 연구의 주안점을 두었다.

1977년 Guglielmino의 자기주도학습준비도(Self-directed learning readiness scale: SDLRS) 측정도구 개발로 자기주도학습에 대한 연구가 폭발적으로 증가하였다. 즉 자기주도학습준비도에 영향을 미치는 다양한 요인들을 찾고 또한 자기주도학습준비도가 높은 경우 어떤 효과가 있는가를 밝히고자 하였다. 그리고 자기주도학습과정에 대한 이해를 돕기 위한 다양한 모델들이 제안되었다. 그러나 자기주도학습은 어린 학생들에게도 적용될 수 있음에 따라서 성인학습이론으로서의 관심이 줄어들게 되었다.

Merriam, Caffarella 그리고 Baugartner(2007)는 기존 자기주도학습 관련 연구주제를 세 가지로 범주화하였다: 첫째, 자기주도학습의 목표를 규명하기 위한 연구들은 자기주도학습이 자기주도성을 높여 성인들의 자기주도학습력을 신장시키기 위한 것, 전환학습을 촉진하기 위한 것, 그리고 해방학습과 사회행동을 촉진하기 위한 것으로 자기주도학습의 목표를 구체화할 수 있다. 둘째, 하나의 학습과정으로 자기주도학습을 이해하기 위해 다양한 모델들이 제시되었는데 이들은 크게 선형적 모델(예를 들면, 요구분석→목표수립→전략수립→실천→평가), 상호작용적 모델(인지적 학습과정과 상황 및 환경과의 상호작용을 강조함), 그리고 교수(instructional)모델(학습과정에 대한 주도권을 학습자가 갖게 됨에 따라 교수사의 역할이 주목받지 못한 것에 대한 비판으로 사기주노학습과정에서 교수자의 역할을 강조함)로 범주화할 수 있다. 셋째, 학습자의 개인적 특성으로서 자기주도성에 대한 연구들로 자기주도성을 갖는 학습자들은 자율성, 독립성, 개방성, 책임감 등의 특성을 가짐에 주목하였다.

자기주도학습은 자기주도학습준비도 및 자기주도성과 구별되는 개념이다. 자기주도학습준비도는 자기주도학습에 대한 준비 정도로 자기주도학습을 실천할 가능성을 촉발하는 개인의 능력, 가치, 태도의 복합체라고 볼 수 있다. 또한 자기주도성은 학습자의 개인특성으로서 자기주도학습을 실천하기 위한 자율성, 독립성, 개방성, 그리고 책임감 등을 의미한다.

결국 자기주도성이 자기주도학습준비도에 영향을 미치며 이를 통해 자기주도학습이 실천될 수 있는 것으로 이해할 수 있다. 그리고 자기주도학습의 실천은 다시 자기주도성을 높인다. 자기주도학습을 실천하기 위한 주요 전략으로 학습계약(learning contract)이 많이 활용된다.

조대연(2005a)과 Cho와 Kwon(2005)은 자기주도학습자의 특성에서 새로운 시각을 제안하였다. 자기주도학습이 학습과정에서 학습자의 자율성과 주도권을 강조하고 서구문화에 적합한 학습방법임에 따라 개인주의적 학습자의 특성이 강조된다는 것은 부인할 수 없다. 그러나 Cho와 Kwon(2005)에 따르면 자기주도학습자들은 조직의 공유된 목적달성을 위해 동료들과 정보를 공유하고 협력하며, 타인과의 관계를 존중하는 등 집단주의적 속성도 함께 갖고 있다. 이와 같은 집단주의적 속성을 가진 자기주도학습자는 학습조직화에도 기여할 수 있다(Cho, 2002).

자기주도학습이 HRD의 전략으로 소개되기 시작하면서 1980년대와 1990년도 초반까지 자기주도학습은 집합교육의 단점을 극복할 수 있는 하나의 효과적인 보완재 또는 대안으로까지 기대를 모았다. 그러나 비용절감, 학습자의 적극적·능동적 태도 함양 등 자기주도학습의 다양하고 긍정적인 측면들에도 불구하고 자기주도학습은 HRD 전략으로 크게 활성화되지는 못했다. 가장 큰 이유로는 학습자 자신이 주도권을 갖고 학습과정을 전개함에 따라서 HRD 담당자가 개입할 수 없는 블랙박스의 특징을 갖기 때문이었다.

코칭: 최근 기업현장에서 코칭에 대해 관심이 증가하고 있다. HRD에서 초기 코칭의 관심은 코칭에 대한 전문성을 갖

춘 외부 코치에 의해 주도되고 고급관리자를 위한 전략적 프로그램 또는 코치이가 갖고 있는 직무상 문제 및 관심이슈의 해결지원을 위한 교육훈련형태로 발전하였다(Feldman & Lankau, 2005; Jones, Rafferty, & Griffin, 2006). 90년대 중반 이후 학습을 통한 코치이의 성장을 조력하는 활동으로 그 영역이 확대되었다. 또한 최근 코칭은 관리자에게 요구되는 리더십의 한 형태로 까지 발전하였다. 이는 일터에서 부하직원 육성이 리더들에게 어느 때보다도 강조되고 있기 때문이다(정태영 & 최운실, 2009). 따라서 최근 코칭리더십을 측정한 후 그 효과를 검증하는 연구가 많이 등장하고 있다.

초기 코칭은 코치이의 직무성과 gap을 분석하고 이를 해결하여 성과를 향상시킬 수 있도록 조력하는 활동이었다. Homan과 Miller(2008)는 코칭이란 개인성장, 목적지향적 액션, 그리고 성과향상에 집중된 대화를 사용하는 계획적 과정으로 정의했다. 이후 성과향상을 목적으로 문제해결기반 수단적 코칭을 넘어 학습을 통한 육성의 특징을 강조하는 코칭의 개념이 대두되었다. 즉 코칭이란 코치이가 학습을 통해 지속적인 성장의 기회를 가질 수 있도록 조력하는 활동이며 이를 통해 성과향상에 기여할 수 있다고 보았다.

위 두 가지 관점을 통합하여 조대연과 김희영(2009)은 코칭이란 코치와 코치이의 상호 간 신뢰와 존중을 바탕으로 코치이 개인의 학습을 장려하고 문제해결을 위한 역량을 높여 성과향상에 기여하도록 상호 합의된 목표를 설정하여 지속적으로 협력해가는 상호작용적 프로세스이며 이 프로세스는 코치의 과정별 구체적 행동들로 구현된다. 그리고 코치의 구체적인 행동은 각 행동을 수행하는 특정 기술로 볼 수도 있다.

코칭 프로세스는 연구자에 따라서 3가지 단계부터 10가지 단계까지 다양하게 제안되어 왔다(Kilburg, 1996). 또한 각 프로세스별 코칭행동 역시 '~ 해야 한다'는 식의 규범적 또는 선언적 차원에서 제안되고 있는 수준이다. 최근 조대연과 김희영(2009)은 지난 10년간 코칭 프로세스를 제안한 연구들을 분석하고 코칭전문가들이 참여한 델파이 기법을 통해 외부 전문코치에 의해 행해지는 비즈니스 코칭에서 4단계(계약단계 → 자료수집·분석 및 피드백 단계 → 코칭실행 및 추수지도 단계 → 평가단계), 총 20개의 구체적인 코칭행동을 제안하였다. 상사에 의해 코칭이 진행될 때는 첫 단계인 계약단계에서 몇 가지 공식적 계약을 위한 행동들이 생략될 수 있다.

한편 관리자 코칭 및 코칭 리더십과 관련한 선행연구들을 종합하여 조대연과 박용호(2011)는 다음과 같은 특징을 제시하였다: 첫째, 관리자 코칭의 목적은 구성원의 성과향상이다. 둘째, 일상적 업무관계 속에서 구성원이 성과향상을 위해 스스로 주도적으로 노력할 수 있도록 지원하는 관리자의 행동 집합체를 관리자 코칭 또는 코칭 리더십으로 정의할 수 있다. 셋째, 관리자 코칭의 주요 기능은 구성원에게 학습의 기회를 제공함으로써 성장을 도모하며 동시에 직무관련 문제나 이슈를 해결하도록 지원하는 기능을 갖는다.

이에 기초하여 조대연과 박용호(2011)는 선행연구들이 관리자의 코칭행동에 대해 단지 몇 개의 문항만을 활용하거나 너무 오래된 Stowell(1986)이 제안한 관계, 방향제시, 개발, 수행평가의 13개 코칭행동을 이용함으로써 오늘날의 코칭행동을 반영하기 어려운 측면이 있음을 지적하였다. 이에 그들은 관리자 코칭에 위에서 언급한 두 가지 기능(즉, (1) 부하직원을 위한 문제해결 지원기능과 (2) 부하직원의 학습을 통해 성장과 역량향상 지원기능)에 따른 18개 코칭행동 측정도구를 개발하였다. 그러나 그들의 연구결과에 의하면 이들 두 가지 기능들이 부하직원의 인식된 직무성과에 직접적인 영향이 없지만 간접적 영향력은 존재할 수 있음을 강조하기도 하였다.

최근 리상섭(2010)은 임원코칭 프로그램 사례분석을 통해 코칭 프로그램의 성공포인트를 다음과 같이 제시하였다: 코칭 오리엔테이션 실시, 코치와 코치이의 적절한 매칭에 집중, 코칭 일정 가이드 제시, 전화코칭과 오프라인코칭의 조화, 지속적으로 코치이의 변화 확인, 코칭 BP(Best Practice) 공유.

OJT와 S-OJT: 최근 HRD의 트렌드 중 하나는 일터에서 생성되는 무형식 학습이다. HRD에서 무형식 학습의 가장 대표적인 예가 자기주도학습과 함께 OJT와 S-OJT이다. 먼저 OJT는 직무현장에서 직무경험이 풍부한 선배사원이 신입사원이나 직무전환을 통해 배징된 초심자에게 직무관련 지식, 기술, 노하우 등을 전달하는 교육훈련 프로세스를 의미한다. TWI 이후 체계적인 OFF-JT의 활성화와 동시에 OFF-JT의 단점들(예를 들면, 작업현장과 gap이 있는 교육내용, OFF-JT 이후 낮은 학습전이 가능성, 추수지도의 어려움 등)을 극복하기 위해 OJT가 주목을 받았다. 권대봉(1998)은 OJT의 특징을 learning by doing의 철학적 기반 위에서 생생한 현장성 있는 교육이며 OJT 지도사원으로부터 빠른 피드백을 받을 수 있는 장점이 있다고 하였다. 또한 OFF-JT와는 달리 학습전이 활성화, 교육경비 절감 등이 OJT에 주목했던 이유이다.

그러나 모든 HRD 솔루션에는 장점들이 있는 반면 단점들이 존재하기 마련이다. 기업현장에서 일반적으로 OJT는 일상적인 이벤트로 여겨졌다. 즉 신입사원이 배정되었기에 업무경험이 있는 선배사원이 자신의 직무경험을 포함한 직장경험을 비계획적으로 전달함으로써 체계적인 학습이벤트화 되지 못하는 경향이 있었다. OJT는 지도사원에 따라 학습내용이 달라지고 지도사원의 심리적 상태에 따라서 전달되는 학습내용 및 그 결과가 달라질 수 있다. 즉 학습목표가 불명확하고, 학습내용이 부정확하며, 학습결과에 대한 일관성 확보가 어려운 단점들이 있다. 그러나 OJT는 신입사원의 조기현장적응과 팀 또는 조직사회화를 위해 필요한 HRD 전략임에는 분명하였다.

이후 OJT의 단점을 극복하기 위해 S-OJT가 제안되었다. S-OJT의 가장 큰 특징은 계획적이고 체계적인 과정을 거쳐 교육훈련이 준비·진행·평가된다는 점이다. 마치 강의실 교육의 계획성과 체계성을 현장교육훈련에 적용시킨 것으로 이해할 수 있다. Jacobs(2003:28-29)는 직무현장 또는 직무현장과 유사한 곳에서 경력사원이 신입사원을 교육함으로써 업무단위에 대한 역량을 개발하는 계획된 과정으로 정의했다.

S-OJT의 특징은 크게 다음과 같다: 첫째, S-OJT 강사양성과정(Train-the-trainer 프로그램)을 통해 S-OJT 트레이너로서의 자부심과 함께 교육내용의 효과적인 전달역량을 함양한다. 둘째, 교육내용을 체계적으로 조직화한 모듈이 존재한다. S-OJT 트레이너가 이 모듈을 보면 무엇을, 언제, 어떻게 신입사원에게 전달할 것인가를 알 수 있을 정도로 세부적이면 좋다. 그러나 어떤 명확한 기준이 존재하는 것은 아니다. 따라서 완벽한 S-OJT 모듈 제작은 그만큼 어려운 작업이라고 할 수 있다. 셋째, 모듈에는 교육목표, 계열화된 학습내용, 평가내용 및 방법

등이 포함되므로 S-OJT의 결과가 예측가능하며 S-OJT의 성과는 신입사원 측면에서 뿐만 아니라 S-OJT 트레이너에게도 나타날 수 있다. Cho(2004)는 Jacobs(2003)가 제안한 S-OJT 시스템 접근에 기반하여 트레이너가 S-OJT 프로세스 단계에서 실천해야 할 전달행동을 충실히 할수록 트레이너의 조직몰입, 직무몰입, 그리고 트레이너로서의 자기효능감이 향상됨을 검증하였다. 특히 전통적으로 S-OJT는 전달 프로세스로서 트레이너가 초심자인 학습자에게 학습내용을 전달하는 One-way 방법이 핵심이었다면 Cho의 관점은 S-OJT 과정을 트레이너와 학습자 간의 일대일 상호작용 프로세스로 보았다는 점이다. 마지막으로 S-OJT는 계획적이고 체계적이며 현장지향적이므로 학습전이에 대한 가능성이 높다.

Action Learning: 액션러닝은 1945년 영국의 국립석탄협회 교육책임자인 Revans가 전쟁으로 인해 능력 있는 관리자 부족의 해결책을 제안하기 위해 현직 관리자들을 몇 개의 작은 그룹으로 나누고 해결책과 BP(Best Practice)를 공유할 수 있도록 질문과 대화과정을 진행하면서 시작되었다. 현재는 HRD 현장에서 개인개발 전략으로 널리 활용되고 있다. 한편 액션러닝에서 다루어지는 문제와 학습의 범위에 따라서 조직개발 전략으로도 활용할 수 있다. 예를 들면, 액션러닝에서 참가자의 사고를 지배하는 기본 가정에 대한 도전이나 의도적 성찰을 통해 의식, 관계 또는 시스템의 변화를 도모한다면 이는 조직개발 전략으로 볼 수 있다(Marsick, 2002). 이처럼 액션러닝을 조직개발 전략으로 활용하는 경우도 있지만 1945년 액션러닝의 출발부터 지금까지 학습프로세스로 보는 시각이 우세하다.

Revans의 초창기 액션러닝의 개념에는 정기적으로 만나는 6명 이상의 구성원 셋(set), 개인이 그룹안으로 갖고 오는 문제(과제), 그리고 러닝코치인 퍼실리테이터 등 세 가지 중요한 구성요소를 포함하였다(Marsick & Kulm, 2005). 이후 액션러닝은 많은 발전을 통해서 다양성을 갖게 된다. 예를 들면, 과제의 경우 셋(set) 구성원 개별 과제를 수행할 수도 있고 팀 단위 과제가 다루어질 수도 있다. 개별 과제의 경우 개인의 학습과 개발에 초점을 두지만 팀 단위 과제의 경우 조직의 변화에 강조를 둔다.

과제의 선택과 과제해결을 위한 세팅도 액션러닝 성공의 중요한 요소들이다. 즉 과제의 친숙도와 과제해결을 위한 세팅의 친숙도에 따라서 액션러닝의 설계가 달라진다. 또한 액션러닝은 과제에 관심 있는 많은 이해관계자들을 포함한다. 즉 액션러닝을 통해 해결해야 할 과제와 관련 있는 이해관계자들이 스폰서나 고객으로 액션러닝에 참여한다. Marquardt(1999)는 액션러닝의 여섯 가지 구성요소로 학습팀, 질의와 성찰, 문제(과제), 러닝코치, 학습의지, 그리고 실행의지를 들기도 하였다.

이와 같은 특징들을 기반으로 봉현철(2007:3)은 액션러닝이란 교육참가자들이 학습팀을 구성하여 스폰서 또는 자신이 꼭 해결하고자 하는 실제 과제를 팀 전체 또는 개인이 주체가 되어 러닝코치와 함께 정해진 시점까지 과제를 해결하거나 해결방안을 도출하는 동시에 그 과정에서 지식습득, 질문, 피드백, 그리고 성찰을 통해서 과제의 내용 측면과 과제 해결의 과정 측면을 학습하는 프로세스로 정의하였다. Marsick과 Kulm(2005)은 액션러닝이란 작은 그룹으로 구성된 참가자들이 실제 문제해결을 위한 프로젝트 수행 경험으로부터 학습을 통해 구성원들을 개발하는 접근으로 정의하였다.

간단히 액션러닝은 개인 또는 팀이 과제를 해결하는 과정에서 발생하는 학습 프로세스를 의미한다. 참가자들은 문제에 대한 해결방안을 마련하고 실제 해결방안을 검증하며 이를 통해 과제해결을 위해 필요한 과제관련 내용과 함께 학습하는 방법을 학습한다. 액션러닝이 다른 학습방법과 가장 큰 차이는 실제 문제나 일 그리고 프로젝트를 활용한다는 점이고 이를 통해 참가자의 학습으로 자연스럽게 연결시킨다.

액션러닝에서의 학습(L)은 프로그램화된 기존 지식(P)과 질문을 통한 발견(Q)의 결과물(L=P+Q)이다(Revans, 1998). 프로그램화된 지식은 책이나 전문가로부터 얻을 수 있는 지식을 의미하며 질문을 통한 발견은 자신과 전문가에게 복잡한 문제를 명료화하기 위해 질문할 때 발생한다(Marsick & Kulm, 2005). 프로그램화된 지식은 테크놀로지의 혁명으로 과거보다 쉽게 접근할 수 있고 수집해야 하는 정보의 범위도 과제나 문제관련으로 한정되어 있다. 그러나 질문을 통한 발견은 질문의 수준에 따라서 달라진다. 즉 정확한 질문을 했을 때 상대방으로부터 성확한 의견이 교환되고 정확한 학습내용이 공유된다. 이때 러닝코치의 역할이 중요하다. 결과적으로 액션러닝은 질문과 대화, 피드백 그리고 성찰 등을 통해 학습의 기회를 갖는다.

봉현철(2007)의 정의에서는 과제해결방안 마련까지만을 액션러닝의 과정으로 볼 수 있는 여지를 남겼다. 이는 액션러닝 프로그램이 며칠부터 1년에 걸쳐 다양하게 진행됨에 따라 현장에 시간적·재정적 부담으로 작용할 수 있기 때문이다. 따라서 현실적 차원에서 과제해결 방안마련까지를 액션러닝의 과정으로 볼 수도 있음을 고려한 것이다.

그러나 논란의 여지는 있다. 액션러닝은 액션과 러닝의 합성어이다. 실질적 문제해결을 위한 액션에 초점을 둘 것인가 아니면 러닝에 초점을 둘 것이가에 따라서 액션러닝을 바라보는 관점이 결정된다. Marsick과 Kulm(2005)은 액션과 러닝의 조화를 강조하면서 실제 액션러닝의 상황에서 러닝코치의 역할에 따라서 액션과 러닝이 조화가 될 수 있다고 하였다.

2. 조직개발(organizational development)

HRD에서 조직개발은 HRM에서의 조직변화로부터 유래되었다. 기본적 틀은 조직변화를 기반으로 하지만 HRM과 구별되는 강조점은 '학습', '지식', '공유' 등에 있다.

(가) 조직개발의 개념: 조직개발을 처음 정의한 Beckhard (1969:9)에 따르면 행동과학지식을 활용해서 조직의 모든 프로세스에 계획적인 인터벤션을 통해 조직효과성과 조직건강을 증진하기 위해 조직전체를 대상으로 하며 경영층으로부터 관리되는 계획적 노력으로 정의했다. HRM 분야에서 조직개발의 대표 학자들인 Cummings와 Worley(2005:1)는 조직개발이란 조직효과성을 이끌 수 있도록 전략, 구조, 과정에 계획된 강화, 향상, 개발을 위해 행동과학지식을 활용하여 조직전체에 응용하는 것으로 정의하였다. 또한 HRD분야의 대표적 학자들인 McLean과 McLean(2001)은 행동과학에 기초해서 기간에 관계없이 개인, 팀, 조직, 지역, 국가, 인류전체의 이익을 위해 지식, 전문성, 생산성, 만족도, 수입, 대인관계 그리고 기타 바람직한 성과를 이끌 수 있도록 조직세팅의 개발을 위한 잠재성을 갖는 과정 또는 행동으로 조직개발을 정의하였다. McLean

은 과거 우리나라 정부의 HRD 노력을 보고 HRD를 국가수준까지 확대시킨 학자로서 조직개발의 정의에서도 이런 의도가 엿보인다. Gilley, Eggland와 Gilley(2002)는 조직개발이란 변화에 대응하기 위해 개인의 능력과 성향을 개발·변화시키는 일이며 사람과 조직의 구조, 과정, 전략 그리고 이들과 문화와의 조화를 강화하고 조직차원의 창의적 해결책을 만들어 조직의 자기정화능력을 개발하는 과정으로 정의하였다.

위의 다양한 정의들 속에서 조직개발의 핵심 포인트는 '변화(change)'이다. 또한 조직개발의 이론적 배경을 행동과학으로 보고 있으며, 이는 조직개발이 심리학, 교육학, 경영학, 사회학, 경제학, 그리고 인류학 등을 포함하는 융합적 실천이라는 것을 의미한다. 조직개발이 HRD의 구성요소 가운데 하나이고 위 학자들의 정의를 종합해 볼 때 조직개발은 개인과 조직의 성과향상을 위해 행동과학적 지식을 활용하여 개인, 팀, 조직의 시스템(구조), 전략, 관계, 과정 등 변화를 지속적으로 추구하는 체계적 노력으로 정의할 수 있다.

한편 우리가 조직개발을 이해하는데 있어서 주의할 점이 있다. 조직개발은 조직 전체를 변화시키는 전체적 프로세스로 이해하기 쉬우나 조직의 구성요소인 작은 단위들인 개인, 관계, 팀 등의 변화 역시 조직개발의 대상이며 영역이라는 사실이다.

(나) **조직개발과정**: 조직개발과정이란 조직개발을 계획, 실행, 평가하는 과정을 의미한다. 조직개발과정은 학자마다 그리고 조직개발전문가마다 제안한 과정이 다르지만, 모두 HRD의 이론적 기반인 시스템 접근에 기초한다. 즉 투입 → 과정 → 산출 그리고 피드백으로 구성된다. 조직내 문제를 파악하기 위한 분석, 조직개발 프로그램 개발 및 실행, 그리고 평가 및 피드백이 주요한 조직개발과정의 뼈대라고 할 수 있다. 앞 장에서 설명한 HRD 프로세스를 기억하

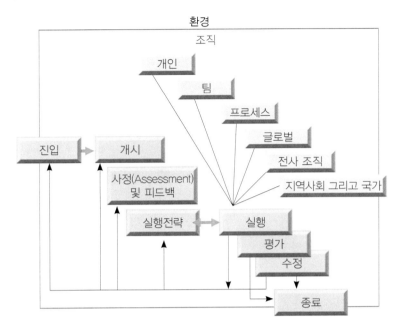

환경

조직

개인

팀

프로세스

글로벌

전사 조직

지역사회 그리고 국가

진입

개시

사정(Assessment) 및 피드백

실행전략

실행

평가

수정

종료

출처: McLean, G. N. (2006). Organization development: Principles, processes, performance. San Francisco: Berrett—Koehler. p. 21.

그림 13 McLean의 조직개발과정 모델

면 쉽게 그 흐름을 이해할 수 있을 것이다.

[그림 13]과 같이 McLean(2006)이 제안한 조직개발과정 모델을 보면 처음 세 개의 박스는 투입으로 볼 수 있고 이 단계에서 계약, 자료수집 및 분석, 분석결과의 피드백을 통한 조직개발 범위를 결정하는 단계들이 포함된다. 이어 조직개발 프로그램을 위한 action 설계를 거쳐 개인, 팀, 과정, 조직차원 등에서 실행이 이루어진다. 이는 시스템 접근에서 '과정'에 해당되는 부분이다. 이어 평가를 거쳐 적용과 개선이 이루어지는 조직개발과정을 제안하였다.

한편 조대연(2005b)은 Cummings과 Worley(2001)가 제안한 조직변화(개발) 내면화 과정 모형([그림 14] 참조)을 다음과 같이 설명하

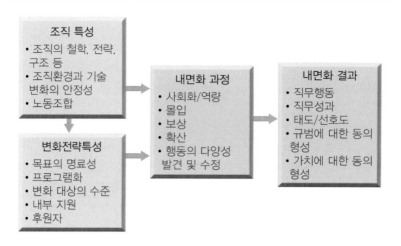

출처: Cummings, T. G., & Worley, C. G. (2001). Organizational development & change(7th ed.), Cincinnati, OH: South−Western College Publishing. p. 189.

그림 14 조직변화의 내면화과정을 위한 이론적 틀

고 있다. 사실 이 모형은 조직개발과정 모형이라기보다 조직개발과정 속에서 시스템적 접근을 통해 조직개발 내면화를 설명하고 있어 우리에게 의미있는 정보를 제공해 준다.

먼저 조직구성원이 새로운 변화전략(예를 들면, 새로운 생산 시스템 또는 지식경영과 같은 새로운 운영시스템의 도입)과 관련된 정보의 사회화—새로운 변화전략에 대한 믿음, 선호도, 규범, 가치에 대한 정보가 구성원 서로서로에게 스며드는 것 또는 새로운 기대에 부응할 수 있는 역량(Jacobs, 2002)— 가 되어야 하고, 이는 변화전략 수행에 대한 몰입도를 증가시킨다. 몰입도의 증가는 조직차원에서 공정한 보상이나 인센티브로 이어질 수 있다. 다양한 장소 또는 대상으로의 확산이 그 다음 과정이며 결국 조직구성원은 새로 도입된 시스템에서 새로운 역할기대를 충족할 수 있는 능력을 가질 수 있다. 끝으로 새로 도입된 시스템에 대한 여러 장소 또는 구성원들 간에 행동의 불확실성(또는 다양성)과 조직내

변화를 방해하는 요인들을 찾고 제거함으로써 조직변화전략의 내면화 과정이 마무리가 된다. 이 내면화의 마지막 단계는 위에서 소개된 이전 단계들을 위한 피드백으로서 역할을 한다(조대연, 2005b: 50-51).

(다) 조직개발의 구분 및 전략: Cummings과 Worley(2001)는 HRM 측면에서 OD 전략을 인적 과정차원, 구조적 과정차원, 인적자원 관리차원, 그리고 전략적 차원으로 구분하였다. 권대봉(2003)에 따르면 전통적으로 HRM 관점은 구조적 차원의 변화노력에 집중해 왔다. Jacobs(2000)는 조직개발의 구분을 크게 다음과 같은 세 가지 영역으로 구분하였다.

자아인식(self-awareness) 및 인간관계 변화: 조직개발은 개인의 자아인식변화와 인간관계의 변화를 도모한다. 이를 위해 팀 빌딩, 갈등해결, 스트레스 관리, MBTI, 조직문화 및 조직 분위기를 측정하는 진단지가 활용될 수 있다. 이들을 활용해 개인의 자아인식과 인간관계의 개선 및 변화를 도모할 수 있다는 의미이다. 예를 들면, 효과적인 팀 빌딩 전략을 통해 팀과 팀원에 대한 인식이 변화할 수 있고 MBTI를 활용하여 정확한 자아인식을 알아보고 변화를 위한 정보를 제공해 줄 수 있다. 또한 조직문화 및 조직분위기 진단도구를 통해 자신 또는 조직에 대해 미처 인식하지 못했던 것을 알 수 있는 기회를 제공해 줄 수 있다. 이 경우 부정적 인식의 가능성 때문에 우리나라 기업들에서 조직구성원들을 대상으로 조직문화나 분위기를 알아보기 위한 외부 설문배부를 꺼리기도 한다. 그러나 부정적 인식이 발견된 것 자체도 매우 중요한 정보이며 HRD 담당자는 이를 기초로 조직 구성원의 긍정적 인식을 도모하기 위한 노력을 기울여야 한다.

개인과 그룹의 변화: 조직개발은 개인의 변화와 그룹 또는 팀의 변화를 위해서 목표수립(Goal setting), 성과관리, 선발과정, 리더

십 훈련, TQM(Total Quality Management), 계단식훈련(cascade training) 등을 활용할 수 있다. 개인과 그룹의 변화는 매우 광범위한 것들을 포함한다. 앞에서 설명한 자아인식 및 인간관계변화에서는 개인차원의 인식에 대한 변화를 강조했지만, 여기서 말하는 개인의 변화는 조직구성원 및 직무수행자 그리고 역할 수행자로서 갖추어야 할 역량의 변화를 의미한다. 예를 들면, 목표수립과 성과관리를 통해 개인의 역량향상을 도모하고 직무성과향상에 대한 동기 유발은 개인과 팀의 변화를 이끌 수 있다. 또한 TQM은 관리자가 데이터에 기초하여 팀을 관리하기 위한 테크닉이면서 동시에 철학이다(McLean, 2006). TQM은 결과중심이 아닌 과정중심의 접근법으로 문제점과 원인을 찾아 이를 해결하기 위한 체계적 프로세스라 할 수 있다. 문제해결접근을 통해 개인과 팀의 변화를 도모한다.

또한 cascade training은 폭포에서 다양하게 떨어지는 많은 물들을 생각하면 이해하기가 쉽다. 폭포의 맨 위에서 곧장 아래로 떨어지는 물이 있을 것이다. 이처럼 조직의 최고위층에서부터 평사원까지 한꺼번에 정보가 공유될 수도 있고 바위들에 부딪혀 폭포의 물이 계단식으로 내려오는 것처럼 위 계층에서 교육받은 사람이 부하직원들에게 그리고 그 부하직원은 그들의 부하직원들에게 필요한 이슈(또는 학습내용)를 전달하는 교육훈련 전략을 cascade training이라 한다. 특히 cascade training은 하나의 이슈에 대해 다양한 장소와 계층을 대상으로 하여 한꺼번에 또는/그리고 동시에 계단식으로 순서화하여 전달하고 학습하는 교육훈련 방법을 의미한다. Jacobs(2002)는 cascade training이 조직변화의 내면화를 도모하기 위해 필요한 역량을 한꺼번에 또는 계단식으로 단기간에 전파할 수 있는 유용한 툴이라고 소개하였다. 즉 개인과 그룹 변화의 내면화 및 성공을 위해 구성원의 역량을 먼저 배양해야 하고 이때 cascade training은 비교적 짧은 시간에 변화를 위한 도움을 줄 수 있다(Jacobs & Russ-Eft, 2001).

　　구조적 재설계(변화): 조직내 다양한 구조적 차원의 변화를 도모하기 위한 전략들로써 과업재설계(task redesign), 직무재설계(job redesign), workflow 재설계, IT 기반 등을 활용할 수 있다. 과업재설계와 직무재설계는 일반적으로 과업분석이나 직무분석을 통해 이루어진다. 예를 들면, 직무분석에서 200개의 과업을 2명이 수행하는 경우가 있는데 반하여 다른 작업장에서 150개의 비슷한 과업을 4명이 수행하는 경우가 있을 수 있다. 이 경우 직무재설계를 통해 과업수행의 효율성과 함께 형평성을 높이려는 노력이 필요하다. 직무분석이나 과업분석은 이미 2장의 HRD 프로세스에서 충분히 설명한 바가 있다. IT기반의 경우 예를 들면 ERP 시스템이나 새로운 포털 시스템의 도입으로 업무수행의 효과성과 효율성을 높이는 것을 의미한다. 최근 테크놀로지의 혁명이라고 불리는 스마트 폰의 급속한 확산으로 24시간 365일 업무수행이 가능해짐에 따라 모바일 오피스가 현실화되고 있다. 이를 도입할 경우 IT 기반 구조적 변화전략으로 볼 수 있다.

　　반면 HRD의 모든 전략들이 마찬가지이지만 OD 전략들, 특히 조직차원의 변화를 도모하기 위한 OD 전략들은 변화노력에 대한 지속성 이슈가 많은 연구들에서 제기된다. 기업의 경우 경영층에서 하나의 전략으로 장기간 지속적인 변화노력을 추구할 수 없는 구조적 모순이 있다. 경영층은 재임기간 동안 단시간내에 어떤 성과가 나타나기를 기대하기 때문에 OD전략들은 상대적으로 경영층의 니즈에 부합하기 어려운 점이 있다.

　　아래에서 소개한 HRD 차원의 대표적인 OD 전략들인 학습조직, 조직학습, 지식경영, CoP 그리고 AI 모두 함께 일하고 함께 참여함을 강조한다. 'Think together, Learn together & Work together' 만큼이나 HRD 담당자의 이성과 감성을 자극하는 용어도 찾기 어렵다. 그러나 Sethi, Smith 그리고 Park(2001)는 사회적 응집력이 신제품을 위한 혁신을 감소시키는 결과를 초래한다고 하였다. 학습동아리에서 구성원 간 집중화가 강화될수록 지식공유는 증가하다가 어느 시점부터 감소한다(현영섭 & 조대연, 2009). 이는 '함께 하는 전략'에서 구성원의 책무성과 함께 권한위임 등 리더의 역할이 강조될 필요가 있음을 의미하는 것이다.

→ ⇒ 학습과 관련된 조직개발의 대표적 전략들

사실 앞에서 조직개발을 분류하고 활용가능한 전략들을 소개했지만, HRD 영역에서 조직개발이라고 불릴 수 있는 전략들은 학습과 매우 관련성이 높다. 기존 HRM의 조직변화 틀에다가 HRD 차원에서 개인, 팀, 그리고 조직의 학습과 관련된 아래와 같은 성과지향적 조직변화 전략들이 소개됨에 따라 조직 내에서 큰 문화적 반향을 불러 일으켰다(조대연, 2005b). 아래에서는 HRD에서 강조되는 학습과 관련된 조직변화 전략들을 간단히 소개해 보고자 한다.

학습조직: 경영환경변화의 지속성과 불확실성을 극복하고 조직경쟁력을 확보하기 위해서 지속적인 학습을 강조하면서 등장한 것이 학습조직이다. Senge(1990)에 의해 처음 제안되었고 이후 Watkins과 Marsick(1993)에 의해 HRD 차원에서 발전되었으며 이들이 DLOQ(Dimension of Learning Organization Questionnaire)이라는 진단지를 개발하면서 연구가 활성화 되었다.

Senge(1990:3)는 학습조직을 조직구성원들이 원하는 결과를 성취할 수 있도록 지속적으로 능력을 향상시키며 새롭게 확장된 사고패턴이 성숙되고, 집합적 열망이 공유되며, 함께 학습하는 방법을 지속적으로 학습하는 사람들이 있는 조직으로 정의하였다. Senge(1990)는 학습조직을 구축하기 위해서 (1) 멘탈모델, (2) 팀 러닝, (3) 개인숙련, (4) 공유된 비전, 그리고 (5) 시스템사고의 다섯 가지 핵심 원리 또는 구성요소를 제안하였다. 멘탈모델과 개인숙련은 개인차원에서, 팀 러닝은 팀차원에서 고려될수 있으며 공유된 비전은 조직차원에서 작동할 수 있다. Senge는네 가지 원리와 이들 전체를 아우르는 시스템 사고가 내재화되었을 때 조직차원에서 학습조직이 구축될 수 있다고 본 것이다.

Watkins과 Marsick(1993)은 학습조직이란 지속적으로 학습하고 조직 자체를 변화시킬 수 있는 조직으로 정의하였다. 이들은 일곱 가지의 학습조직 구축요인을 다음과 같이 제시하였다. 개인차원에서는 '지속적 학습기회 창출'과 '호기심과 대화의 증진'을 제안하였다. 팀차원에서는 '협동과 팀 학습 촉진'을강조하였고 조직차원에서는 '지식을 습득하고 공유할 수 있는체제구축'과 '공유된 비전을 향한 조직구성원들의 권한 강화'를제안하였다. 이후 두 가지 요인을 더 추가하였는데 사회차원에서 '조직과 환경의 연계'와 '전략적 리더십'을 제시하였다.

Watkins와 Marsick(1993)이 제안한 학습조직 모델에서 실천적 함의점을 몇 가지 언급하고자 한다. 첫째, Senge와는 달리 HRD의 분석단위인 개인, 팀, 그리고 조직차원에서 구축요인을 명확히 제시하였다. 이는 개인, 팀, 조직차원에서 각각 세부 요인들이 구축되어야 학습조직이 가능함을 의미한다. 둘째, 이들의 모델은 삼각형과 역삼각형이 교차된 그림(그림 15) 참조)을 제시하고 있는데 그 교집합이 팀차원의 '협력과 팀 학습'이다. 또한 삼각형과 역삼각형의 방향성을 생각해보자. 그림의 아래 삼각형은 개인차원 전략들의 힘이 팀차원으로 모아짐

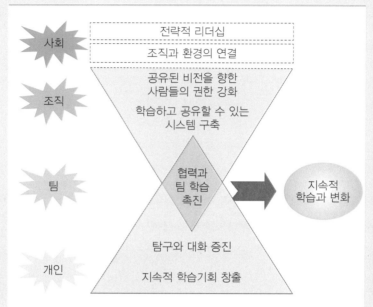

출처: Watkins, K. E., & Marsick, V. J.(1993). Sculpting the learning organization. San Francisco: Jossey-Bass, p. 10.

그림 15 **Watkins & Marsick(1993)의 학습조직**

을 의미하고 역삼각형은 조직차원 전략들의 힘이 팀차원으로 모아짐을 의미한다. 이는 학습조직의 구현은 결국 개인차원과 조직차원의 구축요인들이 결합되어 팀차원에서 승화될 수 있음을 뜻한다. 이를 통해 지속적인 학습과 변화가 가능하다는 의미이다. 셋째, [그림 15]에서 조직과 사회의 경계는 실선이 아닌 점선이다. 즉 외부 환경과 조직의 상호관계를 강조하였다.

　학습조직의 개념적 특성은 크게 두 가지로 구분될 수 있다 (Cho, 2002): (1) 학습전략으로서의 학습조직은 개인학습, 팀 학습, 조직학습 등 다양한 형태의 학습이 조직 안에서 어떻게 발생하는가에 관심이 있으며 (2) 학습전략을 촉진하기 위한 시스템으로서의 학습조직은 학습전략들이 성공적으로 발생할 수 있도록 어떤 환경이 갖추어져야 할까에 관심이 있다.

또한 학습조직은 다양한 학습을 촉진 또는 실행하기 위한 조직이 아니라는 점이다. 학습의 촉진과 실행은 학습조직 구축에 있어서 하나의 필요조건이지 충분조건은 아니다. 90년 중반 이후 몇몇 학자들(Jacobs, 1995; Kuchinke, 1995; Ortenblad, 2001; Smith & Tosey, 1999; Tsang, 1997)에 따르면 학습조직은 우리가 추가해야 할 조직의 이상적인 또는 바람직한 모습이지 실제가 아니라는 점을 지적했다. 특히 학습조직을 강조하다보니 조직의 주요 목적이 고객 감동을 위한 상품과 서비스를 생산해 내는 것이 아니라 조직내에서 학습을 촉진시키는 것으로 오해하는 경우도 있었다.

조직학습: 많은 연구자와 HRD 전문가들 사이에서도 학습조직과 조직학습의 개념을 혼용하고 있다. 그러나 학습조직과 조직학습은 서로 구별되는 개념이다. 간단히 말하자면, 학습조직은 조직의 한 형태(a form of organization)이고 조직학습은 학습의 한 형태(a form of learning)로 명확한 개념적 차이가 존재한다.

조직학습은 70년대 Argyris와 Schön에 의해 발전하였다. 그 이후 다양하게 조직학습이 정의되어 왔지만, 주요 핵심어들을 사용해서 조직학습을 정의한다면, 효과적이고 효율적인 방법으로 조직의 문제를 파악하고 해결하는 과정을 통해 조직지식을 생성하고 이것이 내면화 되어 조직문화 창출로 이어지는 과정을 의미한다. Merriam, Caffarella 그리고 Bugmgartner(2007)는 학습조직을 달성하기 위한 방법으로 조직학습을 이해하고자 했는데 이는 조직학습을 너무 협소하게 해석한 것으로 볼 수 있다. 개념적 차원에서 조직학습이 학습의 한 형태이지만 실제적인 OD 전략 측면에서는 학습조직만큼이나 큰 비즈니스이다.

조직학습에서 학습주체는 누구인가에 따라 조직학습의 관점을 전통적 관점과 사회문화적 관점으로 구분할 수 있다(조대연, 2009c). 전통적 관점에 따르면 조직은 개인처럼 인지적 주체로서 지식습득→저장→재생→활용이라는 선형적인 학습과정을 거친다. 한편 사회문화적 관점에 따르면 조직학습의 주체는 조직 자체가 아니라 조직내 일체감을 갖는 사회적 존재로서 개인들의 집합체로 본다(Ortenblad, 2001).

Marks와 Louis(1998)는 다른 조직과 구별되는 문화를 함께 공유한 앙상블로서의 집합체가 조직학습의 주체가 된다고 하였다. 조직내 여러 집합체 또는 앙상블들 내 또는 간 서로 사회적 과정을 거쳐 다양한 지식들을 함께 역동적으로 공유하고 반성적 과정을 거친다(조대연 & 백경선, 2007). 결국 사회분화적 관점에서 조직학습은 개별 집합체 내 뿐만 아니라 집합체 간 구성원들의 개별 지식에 대한 사회적 과정이며 이는 조직지식을 창출하고 창출된 조직지식을 공유 및 내면화함으로써 조직문화 형성으로 이어진다. 또한 조대연과 백경선(2007)은 개별 지식의 역동적 상호작용이 발생할 수 있는 조직적 환경을 조직학습 역량구축요인으로 보고 공유된 비전과 협력, (변혁적)리더십, 참여적 의사결정, 학습기회 창출을 통한 개인개발, 그리고 피드백을 제시하였다. 사회적 관계로 이루어진 체제 속에서 구성원 간 관계형성과 상호작용을 통한 학습의 방향으로 조직학습이 발전하고 있으며 이를 촉진할 수 있는 대표적 학습형태가 멘토링, 실행공동체, 팀 학습 등이다(장원섭, 장지현 & 유지은, 2008).

조직학습을 이해하는데 있어서 빠질 수 없는 것이 Argyris
와 Schön(1978)이 제시한 조직학습의 수준이다. 그들은 조직학
습을 단순순환학습과 이중순환학습으로 그 과정을 설명하였
다. 조직이 그동안 조직학습을 통해 형성된 조직지식을 직 ·
간접적으로 활용하여 외부환경으로부터 새롭게 다가오는 변
화에 무리 없이 적응하는 것을 단순순환학습이라고 한다. 반
면 기존 조직지식을 통해서 새롭게 다가오는 변화에 적응할 수
없을 때 조직은 다시 새로운 학습을 통해 조직지식을 창출하고
변화에 적응해야 한다. 이를 이중순환학습이라고 한다. 일부
에서는 이중순환학습을 진정한 조직학습이라고 하지만 단순
순환학습 역시 기존 조직지식의 강화 또는 보완차원에서 조직
학습으로 보아야 한다.

지식경영: 지식경영은 20세기 말 새로운 경영전략의 요구
에 따라 90년대 학습조직과 함께 등장하였고 21세기 지식기반
경제의 도래에 힘입어 큰 관심을 받았다. 지식경영은 다양한
종류의 지식(정보, 지식, 노하우 등)에 관계없이 개별지식과 조직지
식의 관계를 순환모형으로 설명함으로써 우리가 조직학습과
학습조직을 이해하는데 있어 큰 도움을 제공한다.

지식경영이란 조직차원에서 새로운 개별/조직지식을 공
유, 창출하고 새롭게 다시 공유하여 새로운 상품과 서비스를
제공할 수 있도록 활용하는 프로세스로 정의할 수 있다. 지식
은 무형의 자산이며 상품과 서비스는 유형의 자산이므로 지식
경영을 통해 무형의 자산이 유형의 자산으로 전환된다. 그러
나 지식경영의 핵심은 무형의 자산인 지식이 자유롭게 창출되

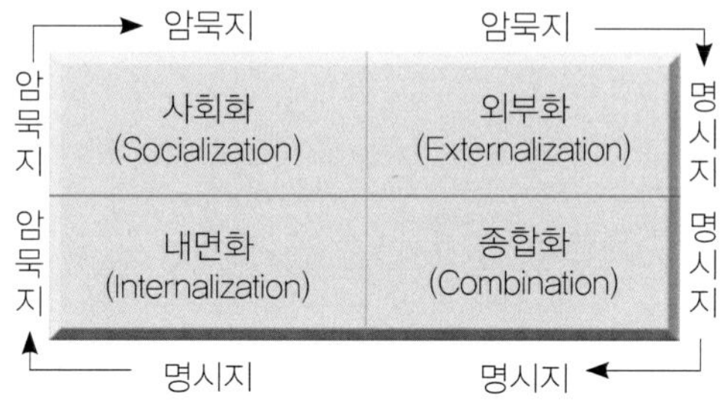

	암묵지	암묵지	
암묵지	사회화 (Socialization)	외부화 (Externalization)	명시지
암묵지	내면화 (Internalization)	종합화 (Combination)	명시지
	명시지	명시지	

출처: Nonaka, I., & Konno, N. (1998). The concept of "ba": Building foundation for knowledge creation. California Management Review, 40(3), p. 43.

그림 16 SECI 모델

고 확산되며 이를 통해 새로운 무형의 자산인 지식이 조직의 경영에 기여할 수 있는 경영관리활동으로 볼 수 있다.

새로운 개인/조직지식의 창출 및 공유는 지식의 관리 (management of knowledge) 노력들(예를 들면, 지식경영시스템, 인트라넷 등)을 통해서 가능하다. 그러나 새로운 상품과 서비스 창출 그리고 조직의 경영활동에 기여는 지식을 통한 관리(management through knowledge)를 통해서 가능하다. 이는 우리나라 기업들이 지식경영을 실천하는데 초점을 어디에 두어야 하는가에 대한 답을 줄 수 있는 구분이라고 할 수 있다.

지금까지 많은 지식경영관련 선행연구들은 지식의 종류를 다양하게 구분하여 제시하고 있으나 Polanyi(1966)의 암묵지와 명시지 구분이 지금까지 대세를 이룬다. Nonaka와 Takeuchi(1995)는 SECI 모델을 통해서 암묵지와 명시지의 순환과 개인지식과 조직지식의 순환을 설명하였다(그림 16 참조). 사회화(Socialization)는 각 개인이 갖고 있는 개별 암묵지가 서로 공유되는 단계이다(암묵지→암묵지). 외부화(Externalization)는 개별 암묵지가 명시지로 전환되는 단계를 의미한다(암묵지→명시지). 사회화 단계는 개인과 개인의 공유이므로 전 조직에 파급효과를 주지는 못한다. 따라서 가치 있는 암묵지가 있다면 표면화 과정을 거쳐 명시지로 전환하는 과정이 필요하다. 종합화(Combination)는 명시지가 다른 조직구성원들에게 전달되어 명시지 상태로 공유되는 단계이다. 내재화(Internalization)는 새로운 명시지의 습득이 개인의 내적 프로세스를 통해 암묵지로 전화되는 단계를 의미한다. 이와 같은 네 가지 단계가 이루어질 수 있는 공간을 Ba(장, 마당)라고 하며 다양한 Ba들이 각 단계마다 공식적 그리고 비공식적으로 형성될 수 있도록 제도적 차원에서 지원되어야 지식경영의 성공을 보장할 수 있다.

실천공동체(Community of Practice: CoP): 최근 기업내에서 지식이 중요한 자산으로 인식되고 있다. 그러나 학습을 통한 전통적인 지식관리 시스템(예를 들면, KMS 등)이 기대와는 달리 실망스러운 결과를 보임에 따라서 '사람' 그리고 서로 함께 학습할 수 있는 사회적 구조를 강조하는 CoP가 최근 기업을 비롯한 다양한 조직들로부터 많은 관심을 받고 있다. 우리나라에서 CoP는 학습공동체, 실천 또는 실행공동체 등으로 불리고 있다. 학습공동체라고 했을 때 평생교육분야에서의 연구대상인 학습동아리와 혼동의 여지가 있으며 CoP 자체가 학습을 위한 공동체라기보다 더 나은 실천을 위한 공동체이기 때문에 실천공동체로 명명하는 것이 옳다고 본다.

CoP의 기원은 Lave와 Wenger가 도제(apprenticeship)학습이

론을 연구하는 동안 만들어졌다. 도제학습에서 구성원간 역동적인 사회적 관계가 형성됨에 따라서 도제 공동체가 하나의 살아있는 교육과정임을 발견하였고 이후 CoP의 개념이 확립되면서 도제 이외에 여러 공동체에서 CoP의 특성들이 있음을 확인하였다. Wenger(2011)는 CoP란 정기적인 상호작용을 통해 구성원들이 하는 일에 관심과 열정을 공유하며 어떻게 하면 하는 일을 더 잘 할 수 있을까를 학습하는 사람들의 집합으로 정의했다.

CoP의 초창기 개념은 'practice'에 초점을 두었다. 즉 같은 또는 적어도 비슷한 일을 하는 사람들이 모여 좀 더 일을 잘해보고자 정보를 공유하고 함께 해결책을 모색하는 자발적이며 비공식적 모임을 지칭했다. 그러나 해결책을 모색하고 업무수행력을 증가시키기 위해서는 학습이 필수적인 절차로 포함됨에 따라서 CoP의 개념에 '학습'이 첨가되어 좀 더 폭넓은 개념으로 발전하였다. 따라서 HRD 차원에서 HRD 담당자들이 성공적인 CoP를 위해 그 운영을 관리하고자 조직 내 공식적인 CoP가 등장하였다.

Wenger(2011)는 CoP의 중요한 세 가지 특성을 다음과 같이 설명하였다. 첫째, CoP는 공유된 관심영역에 의해 정체성을 갖는다. CoP는 단순히 사람들 간 네트워크나 친구들끼리의 클럽을 지칭하지 않는다. CoP 참여자들의 관심영역에 대한 몰입이 CoP의 멤버십을 결정한다. 그렇다고 가치 있는 또는 수준 높은 전문성을 요구하지는 않는다. 둘째, 관심영역내에서 구성원들은 토론하고 서로 도우며 정보를 공유하고 함께 활동에 참여한다. 즉 구성원들이 서로 학습할 수 있는 관계를 형성한다. 셋째, CoP는 단순히 관심이 같은 사람들의 모임(a community of interest)을 의미하지 않는다. CoP의 구성원들은 실천가들이다. 하나의 공유된 실천 이슈내에서 발생한 문제 해결에 도움이 되는 경험, 스토리, 도구, 절차 등 실천을 위한 구체적 방법들을 발전시킨다.

CoP는 다양한 형태로 운영될 수 있다. 규모면에서 있어도 다양할 수 있고 핵심멤버만으로 구성되거나 많은 주변인들이 참여할 수 있는 CoP도 있다. 또한 작은 지역에서 CoP가 운영되기도 하지만 전 세계적으로 운영되기도 한다. 직접 만남을 통해 운영되기도 하고 온라인을 통해 운영되기도 한다. 하나의 조직내에서 운영되기도 하고 다양한 조직들로부터 구성원이 모집될 수도 있다. 또한 예산이 지원되는 공식적인 CoP가 있는 반면 비공식적이면서 눈에 보이지 않는 CoP도 존재한다.

장원섭, 김민영, 윤지혜(2009)에 따르면 공식화된 CoP가 조직 내 학습가치 공유와 외부 환경의 변화에 대한 적응에 비공식화된 CoP보다 긍정적인 영향을 미친다. 한편 공식화가 증가할수록 구성원의 학습의욕 저하와 구성원 간 창의적 사고의 교환이 방해받을 수 있다는 주장도 있다(Luthans, 2004).

강점탐구(Appreciative Inquiry: AI): AI는 Cooperrider가 Cleveland Clinic의 조직변화 프로젝트를 수행하면서 병원 구성원들이 과거 조직의 긍정적인 측면(예를 들면, 협력, 창의성, 평등한 대우 등)들에 대한 언급을 듣고 이를 가능하게 했던 요인을 찾는 노력에서 탄생되었다. AI는 우리 조직이 잘하는 것이 무엇인지를 파악하여 강점으로 승화시키는데 집중된 조직개발의 전략 중 하나이다. 사실 HRD 전문가 또는 담당자로서 우리는 개인, 팀, 그리고 조직차원의 문제파악 및 파악된 문제를 제거하기 위해 노력한다. 그러나 문제파악기반 접근은 확인된 문제에 대한 구성원들의 거부, 서로 간의 책임회피, 저항, 또는 파악된 문제로 인한 비관 등의 결과를 야기할 수 있다(Cooperrider, Whitney, & Stavros, 2008). AI는 바로 문제파악기반 접근과 반대의 접근을 취하는 전략이다. AI는 조직변화를 위해 구성원들(고객이나 관계사 등을 포함하여)에게 성공, 긍정적 경험과 긍정적인 성과향상 등을 떠올리게 하여 긍정적 에너지를 변화의 과정에 집중시킨다.

Cooperrider, Whitney 그리고 Stavros(2008)는 AI가 효과적이고 긍정적인 변화를 도모할 수 있도록 조직의 일부 또는 모든 수준에서 사람들을 참여시키기 위한 과정이면서 접근이며 하나의 철학으로 정의하였다. 또한 그들은 AI가 전략적 기획, 코칭, 리더십, 구조나 시스템 재설계, 문화창출, 팀 빌딩 등의 이슈들과 결합하여 조직변화와 조직개발을 위한 유용한 전략으로 활용되고 있다고 하였다.

AI는 사회적 구성주의에 바탕을 두고 사람과 조직 그리고 그들을 둘러싼 환경 안에 존재하는 최고의 것을 찾기 위해 협력을 바탕으로 한 상호 발전적인 탐구이며 한 조직이 과거 최고였을 때 그 원인이 되었던 요소들을 체계적으로 탐색하고 발견해 가는 것(Cooperrider, 2001)으로 정의할 수 있다. Whitney와 Trosten-Bloom(2003)에 따르면 AI의 기본 가정은 강점, 성공, 가치, 희망, 그리고 꿈들에 대한 질문과 대화가 개인과 조직을 변화시킨다는 점이다. Bushe와 Kassam(2005)은 결과 측면에서 다른 OD전략들과 달리 'inquiry'의 한 방법으로서 AI는 새로운 지식(모델 또는 이론)을 창출하고 오래된 이슈를 새롭게 바라보는 렌즈를 통해 생성적 은유(generative metaphor)를 창출한다고 하였다. '생성적'이란 새로운 또는 도전적인 가능성을 만들어 낼 수 있음을 의미하며 은유는 AI의 과정과 결과가 결국 언어로 된

표현이기 때문이다.

AI의 과정에는 다음과 같은 여덟 가지의 구성원리가 적용된다(Sullivan, 2004; Whitney & Trosten−Bloom, 2003):

(1) words create worlds: 사회적 상호작용과 대화를 통해서 조직이 발전할 수 있는 새로운 지식과 의미가 만들어진다.

(2) Inquiry creates change: 질문은 우리가 무엇을 발견하고 학습할 것인가(즉 변화의 방향)를 결정하고 변화는 우리가 질문에 답을 할 때 시작된다.

(3) Image inspires action: 미래에 대한 이미지는 조직내 현재 행동을 안내하고 조직은 미래에 대한 가장 강력한 이미지의 방향으로 진화한다.

(4) Positive questions lead to positive change: 긍정적 질문은 변화를 위한 추진력과 에너지를 만든다.

(5) We can choose what we study: 조직생활이란 매일 서로 사람들 간 대화를 바탕으로 만들어지는 이야기 책과 같다. 이야기에서 선택한 단어나 토픽은 단순한 단어 이상으로 학습, 영감, 이해, 의미해석 등을 유발한다. 이를 통해 새로운 이미지, 지식, 현실 등을 만들어나간다. 따라서 실제로 AI의 모든 과정에서 언어 선택의 신중한 노력이 필요하다.

(6) enactment Acting 'as if' is self−fulfilling: 미래 바라는 바가 현재에 가능한 것처럼 행동을 할 때, 현재에서 긍정적 변화가 촉진되어 바라는 바가 실현될 수 있다.

(7) Wholeness brings out the best: 조직내 모든 사람들의 참여는 조직, 조직내 시스템들, 관계들, 개별 구성원

들에서 최고를 이끌어 낼 수 있다.

(8) **Free choice liberates power**: 조직성과에 어떻게 기
여할까를 자유롭게 선택할 때 동기화되고 몰입하게 된
다. 순종보다는 몰입이 고성과를 이끌 수 있다.

AI의 대표적 실행 모델은 4D 사이클이다(Cooperrider &
Whitney, 1999). 4D 사이클을 시작하기 전에 AI의 초점이 되는
토픽을 정하는 것은 AI를 통해 학습할 주제와 새로운 변화의
대상을 정하는 것이므로 매우 중요한 작업이다. 4D 사이클은
다음과 같다:

(1) **발견(Discovery)**: 조직구성원이나 이해관계자로부터 긍
정인터뷰(appreciative interview)를 통해 최고의 경험(the best
of what is)에 대한 이야기를 수집한다.

(2) **꿈(Dream)**: 비전창출단계로서 '무엇이 되어야 하는가
(what might be)'라는 질문을 하는 단계이다. 발견단계에서
찾은 스토리나 강점요소들이 융합되어 비선이 나올 수
도 있고 조직의 역량을 확장하는 창의적인 비전이 창출
될 수도 있다. 구성원 모두 조직의 공유된 비전을 창출
하기 위해 함께 일한다.

(3) **설계(Design)**: 꿈단계에서 만든 비전이 달성될 수 있도
록 구성원들이 조직을 설계한다. 새로운 조직의 바람
직한 속성들을 명확히 하고 구조, 생산라인, 시스템, 문
화, 작업환경 영역에서 행해진다.

(4) **실행(Destiny 또는 Delivery)**: 이전 단계들에서 결정된 열망
을 성취하기 위해 필요한 몰입(개인과 조직차원의)에 초점을
둔다. 실천과 실천방법, 실천행동 등을 결정한다. 이를

위해 역시 대화가 주된 도구이다.

상대적으로 다른 OD전략들에 비해 최근 HRD에서 주목받고 있는 것은 사실이다. 약점보다 강점에 기초한 것도 신선하다. 그러나 AI의 전과정에서 나래이티브적 접근을 많이 활용함에 따라서 과정과 결과에 실천가의 주관성이 내포될 여지가 충분하며 나래이티브 데이터들을 좀 더 객관적인 과정에 의해 결과가 도출될 수 있도록 훈련된 전문가에 의해 진행되고 해석되는 것이 타당하다. 또한 McLean(2006)은 지속적으로 현상태를 유지하거나 긍정적 변화를 겪고 있는 조직의 경우 AI는 적합하지 않을 수 있으며 짧은 시간 급격한 부정적 변화를 겪는 조직에 적합하다고 주장한다. 장기간 변화를 겪는 조직의 경우 과거 최고였을 때를 회상하기 어렵기 때문이다.

3. 경력개발(career development)

경력개발은 HRD보다 오랜 역사를 갖고 있으나 McLagan(1989)의 HR wheel에서 경력개발이 HRD의 주요 영역으로 포함되면서 HRD 연구와 현장에서 관심을 받기 시작하였다. 최근 조직내에서 경력개발은 인적자원 육성 차원에서 교육훈련과 연계되어 많은 관심의 대상이 되고 있다. HRD 현장에서는 간혹 인재육성을 위하여 경력개발이 교육훈련을 포함하는 넓은 개념으로 사용되기도 한다. 그러나 이는 경력개발과 교육훈련의 의미를 잘 생각해 보면 올바른 사용이 아니라는 것을 알 수 있다.

(가) 경력개발의 개념: 경력개발(career development)은 다양한 분야에서 '진로개발'과 혼용하여 사용하고 있다. 그러나 진로개발의 경우 청소년이나 대학생 등을 대상으로 직업준비 차원에서 자신의 진로를 결정하고 직업을 갖기 위한 노력으로 진로지도나 상담 그리고 진학지도 영역 등에서 많이 사용한다. 따라서 진로개발은 개인 차원에서 연구와 실천이 주로 이루어지고 있다. 반면 경력개발은 주로 직장내 구성원들을 대상으로 개인의 직업내 직무관련 역량과 재능을 개발하고 이를 조직의 성공으로 이어질 수 있도록 지원하는 시스템을 의미한다. 경력개발은 직장내 직업활동에서 개인이 겪게 되는 경험과 관련된 개인차원과 함께 경력개발지원이 조직내 제도화되기 위한 과정과 그 결과 규명 등 조직차원에서 연구와 실천이 이루어지고 있다(김정은 & 김민수, 2008). Herr(2001)도 개인의 일생동안 경력행동에 관심을 둔 연구와 조직내 경력에 초점을 둔 연구로 경력개발 분야에서 두 가지의 중요한 연구 흐름을 언급하였다.

경력개발에 대한 가장 대표적으로 인용되는 정의는 다음과 같다(McDonald & Hite, 2005): 경력개발은 개인의 일과 삶의 목표를 향한 계획과 주도적인 활동의 연속적 과정으로 정의할 수 있고 여기서 개발이란 성장을 의미하고 지속적인 개인의 스킬 습득과 활용을 뜻하며 경력개발은 개인의 경력계획과 이를 위한 조직의 기회제공 및 지원의 결과이고 개인과 조직의 협력적 과정이다(Simonsen, 1997:6-7). McDonald와 Hite(2005:422)는 앞서 정의의 특징을 다음과 같이 설명하였다: 경력개발은 지속적이며 고용주와 구성원 간 쌍방향적 상호작용이 포함되고 개인역량의 습득과 향상이 특별한 직무, 경력경로, 조직에 국한되지 않는다. Simonsen의 정의는 경력개발에서 개인이 주도성을 갖고 조직은 이를 지원하는 역할을 하면서 두 주체가 협력적이어야 함을 강조하였다.

한편 Cummings과 Worley(2005)는 경력개발이란 개인의 경력목표를 돕는 것으로 정의하면서 경력계획으로부터 출발하여 이를 개인이 실천할 수 있도록 조직차원의 실제적 전략들이 포함된다고 하였다. HRD에서 경력개발은 개인의 니즈와 조직의 니즈를 조화시켜 개인의 경력목표를 조직내에서 달성할 수 있도록 교육 또는 경험을 제공·지원하는 전략으로 정의할 수 있다(Jacobs, 2000). 이를 통해 개인은 경력목표 달성 및 조직에서 필요로 하는 인적자원으로 성장할 수 있는 기회를 갖는다. 동시에 조직은 조직경쟁력 강화를 추구한다. 이 정의는 전략적 차원에서 경력개발의 정의를 시도한 것으로 Simonsen의 정의보다 조직의 주도권을 상대적으로 강조한다.

1990년대 초반 기업의 글로벌 경쟁이 가속화되면서 조직의 혁신과 효율성이 강조되는 환경에서 조직 재구조화와 다운사이징이 가속화되었다. 이는 조직내 경력개발에서 딜레마를 야기했다. 조직 재구조화와 다운사이징은 조직구성원의 조직충성도를 약화시켜 개인이 스스로 자신의 경력개발을 통해 경쟁력을 갖추어야 했다. 이는 이직의 결정적 요인이 되었다. 그럼에도 불구하고 조직은 조직경쟁력을 위해서 지속적인 인재 육성이 필요했다. 결국 조직과 개인 양자 간 니즈의 조화를 위해 더 많은 상호 이해를 바탕으로 조직과 개인이 함께 협력적(Hite & McDonald, 2008), 파트너십 관계(Gilley, Eggland, & Gilleyy, 2002)를 통해 경력개발의 전략이 계획되고 실행되어야 한다.

이는 과거 평생직장의 트렌드 속에서 조직구성원의 경력개발은 조직에서 실현되며 조직이 개인의 경력개발을 많은 부분 책임져 왔다. 그러나 오늘날 평생직장이 아닌 평생직업의 트렌드 속에서 경력개발의 주체가 조직에서 개인으로 변화되고, 실제 경력개발을 위한 파워가 조직보다는 개인에게 있으므로 조직은 조직구성원의 경력니즈를 고려한 협력적이며 상호영향과정(Limps—Wiersma & Hall, 2007)을 고려해야 한다. 결국 경력개발의 두 축인 개인과 조직 니즈의 조화가 경력개발 전략의 성공에 있어 관건이라고 할 수 있다. 이론적 측면에서는 개인과 조직에서의 경력과 관련된 환경 및 변화를 설명하고 개념화하기 위한 노력들이 계속되고 있으며 동시에 전통적인 객관적 경력성공보다는 경력 주체로서 자신의 경력을 적극적으로 개발해가는 주관적 의미의 경력이 새로운 이론적 관심영역으로 발전하고 있다(진성미, 2011).

이처럼 최근 경력개발에서 개인의 역할이 더욱 강조되면서 무경계 경력 또는 프로틴 경력의 개념이 등장하였다. 무경계 경력은 개인이 일하는 조직 이외에서 경력을 개발하는 과정으로 개인의 자율성과 소속된 조직 밖으로의 이동성을 강조한다(Authur & Rousseau, 1996). 반면 프로틴 경력은 조직보다는 개인의 니즈에 의해 주도되며 잦은 변화, 자기주도, 자율, 자기고안(self invention)의 특징을 갖는다(Hall, 2002:4). 조직으로부터 독립성이 핵심이지만 조직 안과 밖에서 모두 가능하며 중요한 것은 조직의 니즈보다 개인의 관심과 니즈에 따른다는 점이다(Briscoe, Hall, & DeMuth, 2005).

(나) 경력개발의 구분: 경력개발은 크게 조직구성원 개인이 주체가 되어 준비하고 실행에 참여하는 경력계획(career planning)과 조직이 개인의 경력개발을 관리하고 지원하는 경력관리(career management)로 구분할 수 있다.

경력계획은 조직내 개인의 경력개발 실천행동이 중심이며 따라서 개인이 주도권과 자율권을 갖고 실천하게 된다. 경우에 따라서 조직의 경력개발지원시스템 내에서 공식적으로 이루어지는 경우도 있고 비공식적으로 개인의 참여와 실천에 의해 이루어지기도 한다. 경력계획은 자신의 역량을 평가하고 경력개발기회에 대한 정보를 수집·분석하여 그 결과를 바탕으로 경력목표를 설정하고 이를 달성하기 위해 준비하며 노력하는 과정(김흥국, 2000; 신영숙, 2010; Feldman, 1988; Schein, 1996)이다. 경력계획의 핵심은 경력목표설정과 함께 실천의 구체성 및 타당성에 있다. 최근 배현경 (2012)은 국내·외 선행연구 분석을 통해 자기진단, 목표설정, 탐색 활동, 대안검토, 그리고 행동계획수립의 5단계를 경력계획 과정으로 제안하였다. 결국 선행연구들도 경력계획에서 마지막의 산출물을 행동계획의 수립까지로 보고 있다. 이를 실천하고자 하는 의지와 실천여부 그리고 실천정도까지 우리의 관심과 연구가 확대될 필요가 있다.

경력관리는 개인의 경력계획과 경영전략적 차원에서 조직의 니즈를 조화시켜 개인과 조직의 성공을 극대화하기 위해 경력개발 과정을 관리하고 통합하는 조직차원의 노력을 의미한다. 일반적으로 국내 연구들에서는 경력관리를 경력개발지원제도라고 한다. 경력개발은 비즈니스 니즈에 의해 주도될 필요가 있기 때문에 조직은 경력개발에 대해 명확한 비전과 철학을 제시하고 경우에 따라서 업데이트할 필요가 있다(Simonsen, 1997). 이는 조직이 얼마나 확고한 비전과 철학을 갖고 경력개발 전략을 추진해나가는가에 의해 조직 구성원의 경력계획 참여와 경력성공 및 이를 통한 조직경쟁력이 결정될 수 있기 때문이다.

조직의 경력관리를 통한 경력개발의 가치는 조직이 얼마나 일부 관리자 계층에 국한되지 않고 전체 조직구성원의 경력개발 노력에 우선순위를 갖고 경력개발을 위한 자원을 적절하게 분배하는가에 달려있다(McDonald & Hite, 2005). 이는 경력개발지원시스템 운영의 체계성을 의미한다. 체계적인 경력개발지원시스템의 마련은 조직구성원에게 역량향상 및 성장기회를 부여하게 된다.

경력개발, 특히 경력관리는 조직의 비즈니스 목적을 달성하는 하나의 방법이지만 경력관리를 계획할 때 개인과 조직의 니즈에 대한 조화를 중시해야 한다. 오늘날 HRD가 조직의 경쟁력 제고를 위한 전략적 차원에서 그 중요성이 더해지고 있지만, 조직구성원의 경력 차원에서 조직의 역할과 책임을 결정하는데 HRD의 존재 중요성이 있다(McDonald & Hite, 2005). 따라서 성공적인 경력관리 그리고 경력개발지원제도는 조직의 HRD 기능이 얼마나 조직과 개인의 니즈를 조화시킬 수 있는가에 달려있다. 조직내 효과적인 경력개발제도를 위해 경력개발관리보다는 경력개발지원 측면에서 접근할 필요가 있다(이기성, 2006).

(다) 경력개발의 전략: 경력개발은 공식적 또는 비공식적일 수 있으며 조직 내부 또는 외부에서 실천될 수 있다. Jacobs(2000)는 경력계획 차원에서 교육훈련시스템, 사내공모제, 경력상담, 직무순환, 목표관리제, 멘토링을 들었고 경력관리 차원에서 인력계획(workforce forecasting), 교육비지원 프로그램, 멘토링, 코칭, 목표관리와 성과관리 등을 들었다. 그러나 경력개발 전략을 설계하고 지원하는데 있어서 경력계획 전략과 경력관리 전략의 구분은 크게 중요해 보이지 않는다. 예를 들면, 교육훈련시스템의 경우 조직구성원인 개인이 주도권과 자율권을 갖는다고 해도 경력관리적 측면에서 필수로 이수해야 할 교육훈련 프로그램이 있다. 이를 경력계획으로 볼 것인가 아니면 경력관리로 볼 것인가는 그렇게 중요한 문제는 아니다. 더구나 멘토링과 목표관리는 Jacobs 역시 경력계획과 경력관리의 전략으로 동시에 강조하고 있다.

박윤희(2012)는 경력개발을 위한 활동이나 제도로 평가센터, 동료평가, 부하평가, 직속상사에 의한 경력상담, 인사부서에 의한 경력상담, 멘토링, 경력 워크숍, 전문직을 위한 독립적 경력경로, 개별 문서화된 경력계획의 수립, 승계계획, 경력과 관련된 책자 발간, 사내외 교육프로그램, 사내공모제, 직무순환을 들었다. 그러나 경력개발에서 하나의 대표적 프로그램을 생각할 수 없다(McDonald & Hite, 2005). 이들 전략들은 다양한 HRD 또는 HRM 프로그램과 함께 시스템 속에 통합되어 조직의 경쟁력 제고와 함께 개인의 경력성공을 위한 전략들이라 할 수 있다.

McDonald와 Hite(2005)는 경력개발을 위한 전략적 HRD 모델을 제시하였다. 이 모델은 크게 조직지원 메커니즘, 학습활동 그리고 평가프로세스로 구성된다. 조직지원 메커니즘은 경력개발지원 시스템과 구체적인 활동을 위한 철학적 기초와 함께 지원 툴(예를 들면, 보상체계, 조직분위기, 부하직원의 경력개발을 위한 상사의 리더십, 직무설계 등)들을 의미한다. 그들의 모델에서 실제적인 경력개발 실천은 조직 내·외부에서 생성되는 학습(지원)활동으로 구현된다. 학습(지원)활동은 크게 조직내부(bounded)에서 경험할 수 있는 교육훈련, 학비지원프로그램, 직무순환, 1대1 멘토링과 조직내·외부(boundary spanning)에서 경험할 수 있는 무형식학습, 네트워크, 커뮤니티기반학습, 팀 또는 가상공간 멘토링을 포함하였다. 이는 경력개발전략들이 상당부분 교육훈련 및 학습과 관련이 깊음을 의미한다.

→⇒ 경력개발의 대표적 전략: 멘토링

HRD에서 경력개발만을 위한 구체적 전략은 존재하지 않음을 앞에서 설명하였다. 그러나 멘토링은 전통적으로 경력개발을 위한 전략으로 인식되어 왔기에 멘토링에 대해 간략히 살펴보고자 한다.

멘토링: HRD에서 초기 멘토링은 주로 신입사원의 조직사회화를 위한 목적으로 시행되었으나 현재는 조직구성원의 경력개발 등 육성을 목적으로 한다. 일반적으로 멘토링이란 경력사원인 멘토가 경험이 부족한 멘티에게 경력개발과 조직적응을 지원할 수 있도록 지속적인 멘토-멘티 관계가 형성되고

유지되는 과정을 의미한다. 이후에는 리더들에게 조직구성원을 위한 멘토역할이 강조됨에 따라서 멘토십이라 불리는 리더십 형태로까지 발전하였다(Schwiebert, 2000).

Darwin(2000)은 멘토링의 관점을 기능적 관점과 급진적 인본주의 관점으로 정리하였다. 첫째, 기능적 관점은 다시 경력관리기능과 사회심리적 기능으로 구분할 수 있다(Kram, 1983). 경력관리기능으로서 멘토링은 멘티의 경력개발에 도움이 되고 도전적 과제를 잘 수행할 수 있도록 자원과 도움을 제공한다. 사회심리적 기능으로서 멘토링은 멘티의 조직사회화를 원활히 하여 조직내 안정감과 소속감을 증진시킬 수 있도록 돕는다. 이들 두 가지 기능에서 학습은 매우 중요한 역할을 수행한다(Lankau & Scandura, 2002). 특히 Hezlett(2005)는 공식적 멘토링에서 성과를 학습유형에 따라 인지적 학습, 기술기반학습, 그리고 정서적 학습으로 분류하여 제시했다. 즉 경력관리기능과 사회심리적 기능의 멘토링은 멘티에게 위 세 가지 유형의 학습기회를 제공하며 이는 결국 멘티에게 경험과 설명, 관찰 그리고 멘토와의 상호작용을 통해 창출된다는 것이다.

둘째, 급진적 인본주의 관점은 멘토링이 기능주의적 관점에서 기대하는 결과물을 넘어 멘티 자신의 정체성 확립을 강조한다. 즉 멘토는 동료로서 멘티와 상호작용하며 함께 배움을 찾아가고 멘티가 가질 수 있는 인간관계의 상호작용과 경쟁을 통한 성과향상의 모순적 상황에 대한 이해와 개념을 극복할 수 있도록 조력한다. 이를 통해 멘티는 일의 의미와 경력에 있어 멘토와 상호작용을 통해 스스로 그 답을 찾아간다.

멘토링의 실제에서 크게 공식적 멘토링과 비공식적 멘토링으로 구분한다. 공식적 멘토링은 조직의 필요에 의해서 멘토와 멘티를 연결시키고 이를 HRD 담당자가 관리하는 점이 특징이다. 그러나 실제 멘토링의 과정에 있어 HRD 담당자의 개입이 어려운 것 또한 사실이다. 공식적 멘토링은 경력관리에 초점을 두며 멘토와 멘티가 방법, 시간, 장소 등의 계획을 수립하여 진행한다.

반면 비공식적 멘토링은 조직의 지원하에서 이루어지는 것이 아니라 멘토와 멘티의 자발적인 선택으로 이루어진다. 따라서 상호 신뢰와 멘토링에 대한 몰입형성이 관건이라고 할 수 있다. 개인은 조직내·외부에서 멘토 또는 멘티를 비공식적으로 정하며 한 시점에서 많은 멘토 또는 멘티가 존재할 수 있다. 그리고 관계의 형성 역시 자율적이다.

다른 HRD 프로그램과 마찬가지로 멘토링 프로그램(특히 공식적 멘토링)의 성패는 결국 멘토의 역량에 의해 결정된다. Campbell과 Dardis(2004)는 멘토 역량으로 대인관계기술, 개념화 기술, 기능적 기술을 제시하였다. 또한 Evans(2000)는 멘토의 주요 역할을 교사의 역할, 상담자의 역할, 코치의 역할, 그리고 후원자의 역할을 들었다.

멘토링의 효과에 대해서는 많은 연구들이 다양한 효과를 제시해왔다. 초기 멘토링의 효과는 멘티차원과 조직차원에서 규명되었다. 그러나 1990년대 들어 멘토차원에서도 멘토링의 효과들이 제시되었다. 대표적인 효과들을 살펴보면 다음과 같다. 멘토링을 실시하는 조직은 저비용 고효율의 인재육성제도를 갖추게 되며 집합교육의 단점을 보완할 수 있는 기회를 갖는다. 또한 건전한 노사화합문화를 구축하는데 기여한다. 멘토는 멘티를 가이드하는데 있어 심리적 만족감을 얻을 수 있고 세대 간 간격을 극복하며 젊은 세대와의 대인관계 폭을 넓힐 수 있는 기회를 갖는다. 또한 멘티로부터 새로운 정보와 지식을 공유할 수도 있다. 한 예로 햄버거 회사인 맥도날드는 글로벌 멘토링을 통해 멘티는 멘토에게 SNS에 대한 사용법 등을 전달하는 효과가 있다고 한다. 멘티는 멘토링을 통해 직무지식과 조직에 대한 정보 등을 얻을 수 있고 직무만족, 경력만족, 보상, 이직감소, 스트레스 감소, 조직몰입, 경력몰입 등의 효과가 있는 것으로 보고되고 있다.

Human
Resource
Development
Essence

Chapter 5

HRD 프로그램 개발자

HRD 프로그램 개발은 HRD 담당자의 핵심적 역할 가운데 하나이다. 그러나 HRD가 개인, 팀 그리고 조직의 문제를 파악하고 해결하는 프로세스라고 할 때, HRD 프로그램은 솔루션을 의미한다. HRD 솔루션은 4장에서도 언급한대로 개인개발, 조직개발, 그리고 경력개발 영역의 프로그램들이며 이들을 개발하기 위해 HRD 담당자는 프로그램 개발자로서의 역량을 함양할 필요가 있다. 그러나 개인개발은 공식적인 학습경험을 제공하는 프로그램이 주로이며 조직개발 역시 학습조직, 조직학습, CoP, 지식경영 등 학습과 지식이 핵심이다. 경력개발 또한 교육훈련과 학습경험제공이 많은 부분을 담당하는 것이 현실이다. 결국 오늘날에 HRD 프로그램이란 교육훈련 또는 학습이 중심이 된 프로그램을 의미한다고 볼 수 있다. 따라서 본 장은 성인을 대상으로 교육프로그램 개발 이론을 소개하고 특히 체제적 접근을 통해 HRD의 교육훈련 프로그램 개발 프로세스를 설명하고자 한다.

1. 성인 대상 교육 프로그램 개발 이론을 이해하자

프로그램 개발은 무엇을 어떻게 학습하고 가르칠 것인가의 문제에 답을 제공하므로 HRD와 성인교육 분야에서 가장 핵심적 활동 중 하나이다. 프로그램 개발 이론 분야에서 1949년 Tyler의 연구 이래로 지금까지 기술-합리적(technical-rational) 모델로 대표되는 전통적 모형이 큰 영향력을 발휘하고 있다. 기술-합리적 모델이란 프로그램 개발에 있어서 몇 가지 핵심적 기술들이 존재하며 선형성을 갖는 단계들에서 이 기술들을 발휘하는 개발 모형을 의미한다. 사실 다음 절에서 소개되는 HRD 교육훈련 프로그램 개발 프로세스 역시 전통적 모형에 입각하고 있다.

그러나 90년대 중반 이후 프로그램 개발 상황에서 발생하는 실제를 보다 잘 이해하기 위하여 새로운 모형이 소개되었다. 특히 Cervero와 Wilson(1994)은 전통적 모형이 지나치게 선형적·단계적 측면을 강조하여 프로그램 개발 현장의 다른 측면을 간과하고 있다고 지적하였고 이 비판은 매우 큰 관심을 불러 일으켰다.

프로그램 개발은 프로그램 설계, 교육과정 설계, 교수설계, 교수체제설계 등 다양한 이름으로 명명되고 있지만 그 핵심은 학습내용, 학습방법, 학습목표, 학습자와 교육자의 역할 등을 결정하는 활동이다(Wilson & Cervero, 2011). 또한 프로그램 개발은 과학적이면서 동시에 예술(art)적 행위라고 할 수 있다. 과학적이란 프로그램 개발이 아래에서 설명할 이론적 기초 위에 있으며 데이터를 갖고 분석적 활동을 하기 때문에 과학적 행위라고 볼 수 있다. 또한 예술적 행위란 프로그램 개발이 과학적 활동만으로 완수될 수 없는 개발자나 의사결정자의 상황적 판단이나 경험에 기초한 전문성으로 해결될 수 있는 부분이 있음을 의미한다. 예를 들면, 직무분석을 통해 도출된 지식, 기술, 태도를 모듈별로 배치하거나 학습목표 또는 평가지표를 개발할 때도 원칙이 제공되지만 현장 상황에 맞게 개발자 또는 의사결정자의 예술가적 의사결정이 행해질 수 있다. 요구분석에서도 과학적 방법들을 통해 다양한 대안을 제시할 수 있으나 결국 의사결정은 개발자 또는 의사결정자의 전문성에 기초한 예술적 행위에 의해 이루어질 수 있다.

본 장에서는 성인 대상 교육 프로그램 개발 이론의 대표적인 세 가지 범주를 소개하고자 한다. 이 이론적 범주는 성인교육 분야에서 대표적인 학자들에 의해 소개된 모형들 간 특징 또는 강조점들 간 공통점을 묶어 이론적 범주들을 설정하였다.

(가) **전통적 모형**은 프로그램 개발자의 'what to do'에 초점을 둔 규범적·기술적 측면을 강조한다(Mabry & Wilson, 2001). 전통적 모형은 일반적으로 요구분석 및 결정, 목표 진술, 교수 설계, 교수-학습, 그리고 평가의 단계들로 구성된다. '기술적'이란 의미는 각 단계별로 개발자가 무엇을 고려해야 하고 무엇을 해야 하는가를 설명하고 있음을 뜻한다. '규범적'이란 개발자가 각 단계별로 반드시 해야 할 과업이 있으며 이 과업이 완수되었을 때 다음 단계로 진행할 수 있음을 뜻한다.

Sork(1990)는 전통적 모형의 특징들을 다음과 같이 설명하였다. 첫째, 일련의 단계들, 과업들, 그리고 의사결정을 위한 사항들로 구성된다. 특히 의사결정을 위한 사항들이란 단계마다 프로그램 개발 관련 과업을 수행하면서 개발자가 의사결정을 해야 하는 포인트를 포함한다는 의미이다. 요구분석의 우선순위 결정과정을 위한 경우를 생각하면 쉽게 이해가 갈 것이다. 둘째, 단계들끼리 논리적으로 연결이 된다. 첫 단계를 완료해야 두 번째 단계로 이동이 가능한 것이지 첫 단계를 무시하고 그 다음 단계로 진행할 수는 없다. 전통적 모형에 속한 몇 명의 연구자들은 프로그램 개발의 비선형성(non-linear)과 단계들끼리 상호작용을 강조하기도 하지만, 대부분의 연구자들은 프로그램 개발의 선형성에 기초한 단계들을 나열하고 있다. 따라서 한 단계가 다음 단계와 어떻게 연결되는가를 보이기 위하여 다이어그램들을 많이 사용한다. 셋째, 적어도 목적설정, 내용결정, 교수방법 구상, 그리고 평가의 네 가지 기본적인 단계들을 포함한다.

Tyler 이후 Knowles의 안드라고지 모델([그림 17] 참조), Houle의 자연주의 모델([그림 18] 참조), 그리고 Nadler와 Freire의 비판적 모델이 전통적 모형에 포함된다. 이들을 간략히 소개하면 다음과 같다.

첫째, 교육목적→학습내용→학습내용의 구조화→평가의 네 가지 구성요소를 언급한 1949년 Tyler의 연구는 전통적 프로그램 개발 모형들의 기본적 토대를 제공해 왔다(Sork, 2000).

둘째, Knowles의 안드라고지 모델은 단계적으로 개발자가 무엇을 해야 하는가에 대하여 순서적으로 설명을 제공하였다. 또한 이 모델은 프로그램 개발의 의사결정과정에 성인학습자의 직접적 참여를 강조하기도 했다.

셋째, 자연주의 모델은 개발자의 상황기반 창의성을 강조하였다. 즉 개발자는 상황을 파악하고 그 상황을 기반으로 무엇을 할 것인가에 대해 결정하고 실행해야 한다. 따라서 자연주의 모델은 여러 가지 범주들과 각 범주에 속한 개발자가 수행해야 할 과업들을 나열하는 것이 보통이다. 그러나 여전히 범주들은 순서적 또는 단계적이며 주로 다이어그램으로 순서 또는 단계를 표현한다(Sork, 2000).

넷째, 비판적 모델은 아래에서 설명할 정치협상 모형의 기초를 이룬다(Sork, 2000). 그러나 정치협상 모형과는 달리 프로그램 개발의 실제 상황을 고려하기보다 개발자가 무엇을 해야 하는가를 강조하고 있기 때문에 전통적 모형의 하나로 볼 수 있다(조대연, 2004; Maclean, 1994).

전통적 모형이 프로그램 개발의 각 단계별 과업들을 체계적·순

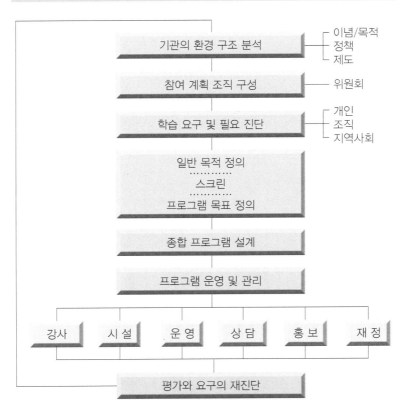

출처: 김진화(2003). 평생교육 프로그램개발론. 서울: 교육과학사. p. 147.

그림 17 Knowles의 안드라고지 모형

서적인 논리에 기초하여 제공함으로써 프로그램 개발에 도움을 주려고 했다. 그러나 'what to do'에 대한 설명은 충분하였으나 'how to do'에 대한 설명이 부족하였다. 특히 프로그램 개발 상황이 다름에도 불구하고 지나치게 'what to do'를 기반으로 프로그램 개발자들이 수행해야 하는 과업들에 대한 규범적 설명을 제공했다는 비판을 받았다.

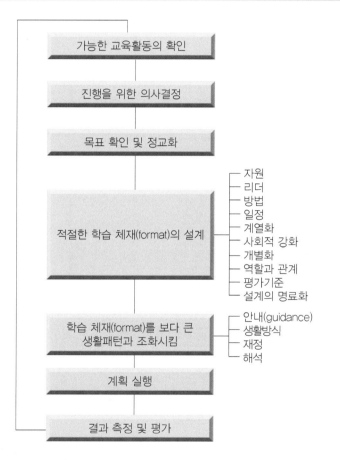

출처: Houle, C. O. (1972). The design of education. San Francisco, Jossey-Bass, Inc., Publishers. p. 47.

그림 18　Houle의 자연주의 모형

(나) **정치협상 모형:** Cervero와 Wilson은 '프로그램 개발론'을 이수한 졸업생들이 실제 프로그램 개발 현장에서 자신들이 가르친 전통적 모형에 기초하여 프로그램을 개발하는 것이 용이하지 않음을 발견했다. 이후 Cervero와 Wilson(1994)은 프로그램 개발자의 실제 프로그램을 개발하는 일(work)에 기초하여 정치협상 모형을 제안하였다.

프로그램 개발은 일련의 단계들을 따르거나 각 단계별 과업들을 완수하는 것 이상이다(Hansman & Mott, 2000). 전통적 모형의 단계별 과업 및 테크닉들이 개발자들에게 필요하지만, 동시에 이해당사자 간의 정치적 파워 관계 및 예산 편성 등의 협상을 어떻게 진행시켜야 할지에 대한 안내 및 지침도 제공되어야 한다(Maclean, 1994). 전통적 모형은 다양한 이해관계자 집단의 서로 다른 요구가 존재할 때 어떻게 이 요구들을 중재할 것인가에 대한 도움을 제공해주지 못한다. 프로그램 개발이 개발자의 사회적 행위라는 정의를 바탕으로, Cervero와 Wilson(1994), Wilson과 Cervero(1997)는 전통적 모형이 프로그램 개발의 실제에서 협상 과정이나 정치-상황적인 현실성을 간과해 왔다고 지적하였다. 동시에 프로그램 개발자들의 '일상적인 일'에 좀 더 관심을 갖는 정치협상 모형을 발전시켰다.

Cervero와 Wilson(1994)은 프로그램 개발 과정에서 개발자, 다른 이해관계자들, 그리고 조직의 복잡한 이해관계와 파워 간 협상이 프로그램 개발자의 가장 핵심적 과업임을 발견하였다. 개발자는 조직내부의 복잡한 파워와 정치관계 속에서 프로그램을 개발한다. 프로그램 개발자의 일은 항상 조직에서 복잡한 파워나 이해관계 등의 정치적 측면들과 분리되어질 수 없기 때문이다. 따라서 프로그램 개발자의 의도와 관계없이 전통적 모형에서 제안한 일련의 단계들과 과업들을 따를 수 없는 경우가 빈번히 발생한다. 프로그램 개발자는 복잡한 상황의 한가운데 서 있고 결국 다양한 이해와 파워관계의 협상능력이 프로그램 개발에 있어서 중요한 부분을 차지한다.

또한 Wilson과 Cervero(1996)는 복잡한 이해관계와 파워관계의 협상과 중재 노력을 윤리적 그리고 정치적 측면에서 방법적 해결책을 제시하고자 했다. 먼저 윤리적 측면에서 개발자는 민주적으로 프로그램 개발 과정을 유지 및 발전시켜야 하고 프로그램에 의해 영향을 받는 모든 그룹들이 프로그램 개발 과정에 직·간접적으로 참여할 수 있는 기회가 주어져야 한다고 강조하였다. 정치적 측면에서 개발자는 프로그램 개발 상황에서 다양한 파워와 이해관계를 이해하고 하나의 합일점을 찾을 수 있는 정치적 전략을 결정해야 한다. 따라서 윤리적이며 정치적 차원에서 개발자의 책무성은 개발자가 갖추어야 할 가장 기본적인 덕목이라고 하였다.

정치협상 모형이 등장한 이후 많은 연구들은 성인교육 프로그램 개발에서 복잡한 파워 및 이해관계와 개발자의 협상 및 중재 능력의 관련성에 대하여 검증해 왔다(조대연, 2004). 이러한 노력들은 정치협상 모형을 재검증하고 발전시키는 역할을 해 왔다. 그럼에도 불구하고 정치협상 모형은 개발자들에게 구체적인 답을 제공해 주는데 한계를 갖고 있다. Cervero와 Wilson 역시 윤리적, 민주적, 정치적 전략, 책무성 등을 강조하였으나 이는 구체적인 과업을 제공하는 전통적 모형과 비교할 때 상대적으로 매우 추상적이다.

(다) **통합모형**: 1990년대 이후 정치협상 모형의 중요성이 강조되었지만, 전통적 모형의 긍정적 측면들을 포기할 수는 없었다. 따라서 통합모형은 전통적 모형과 정치협상 모형의 긍정적인 특성을 반영한 절충적 모형이라고 할 수 있다. 통합모형에 속한 대표적 학자들을 소개하면 다음과 같다.

Sork(2000)는 프로그램 개발 과정동안 개발자가 다루어야 할 핵심적 질문들로 구성된 모델을 제안하였다. 그가 제안한 질문들에

답하는 과정을 통해서 개발자는 프로그램 개발 과정동안 보다 효과적인 의사결정을 할 수 있을 것으로 기대했다. 특히 개발과정을 개발자에게 안내하기 위해 제안된 질문에 답을 함으로써 개발 과정동안 개발자가 어떤 과업과 어떤 전략이 수행되어야 하는지를 생각할 수 있게 했다. 이는 전통적 모형의 단계별 과업 수행을 강조한 것이다. 동시에 Sork의 질문들 가운데는 개발자의 상황을 분석하고 그 상황에 맞는 적절한 해법을 찾기 위한 노력도 있다. 이는 정치협상 모형의 특징을 반영한 것이다. 이렇듯 Sork는 전통적 모형에서 사용된 선형적 논리를 피하고 정치협상 모형에서 강조한 프로그램 개발자의 '사회적 일(work)'의 특성을 반영하였다.

Caffarella(1998-9; 2002)는 12개의 구성요소로 이루어진 상호작용적 모델을 제안하였다([그림 19] 참조). 이 모델은 각 구성요소별로 개발자가 실행해야 할 대표적 과업들을 포함하고 있다. Caffarella는 개발자가 어떤 의사결정을 해야 하며 무엇을 해야 하는가에 대한 정보제공에 초점을 두었다. 이는 전통적 모형의 특성을 반영한 것이다. 또한 프로그램 개발은 조직내 이해관계의 충돌로부터 발생한 복잡한 상황 속에서의 협상 및 중재 과정이라고 보았고 개발자의 윤리성을 강조하였다. 개발자는 프로그램 개발 상황을 분석한 후 그 상황에 맞는 12개 구성요소를 선택하여 사용할 수 있다. Caffarella는 전통적 모형의 선형성을 피하고 개발자가 해야 할 과업의 중요성을 강조하면서 동시에 정치협상 모형의 특성을 반영하였다. 다음 그림에서도 알 수 있듯이 전통적 모형의 구성요소는 포함하되 다이어그램식의 선형성을 강조하지는 않는다.

Lawler와 King(2000)은 성인교육 프로그램 개발 이론에 기초하여 대학 교수 연수프로그램을 위한 모델을 제안하였다. 그들은 프로그램 개발이 지속적이면서도 비선형적 과정임을 강조하면서 동시에 프로그램 개발이 사회적, 정치적, 그리고 조직적 상황에서 행

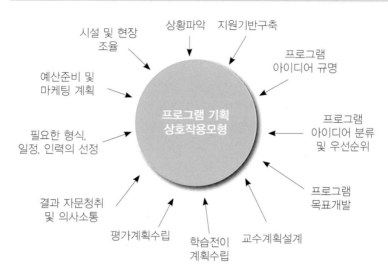

시설 및 현장
조율

상황파악 지원기반구축

프로그램
아이디어 규명

예산준비 및
마케팅 계획

**프로그램 기획
상호작용모형**

프로그램
아이디어 분류
및 우선순위

필요한 형식,
일정, 인력의 선정

결과 자문청취
및 의사소통

프로그램
목표개발

평가계획수립

학습전이
계획수립

교수계획설계

출처: Caffarella, R, S. (2002). Planning programs for adult learners: A practical
    guide for educators, trainers, and staff developers(2nd ed). San Francisco, CA:
    Jossey-Bass, p. 21.

그림 19 Caffarella(2002)의 상호작용모형

해지기 때문에 개발자의 윤리적 책무성을 강조하였다. 그러나 그들
의 모델은 전통적 모형에서 일반적으로 볼 수 있는 네 가지 단계로
구성되어 있고, 각 단계별로 개발자가 해결해야 할 질문과 과업들이
열거되어 있다. 이런 점에서 Lawler와 King의 모델은 통합모형의 한
예라고 볼 수 있다.

통합모형에 속한 연구들은 다음과 같은 공통점을 갖는다. 첫
째, 전통적 모형과 마찬가지로 단계들과 각 단계마다의 구성요소인
과업들로 이루어져 있다. 둘째, 정치협상 모형에서 강조한 조직내
사회적 그리고 정치적 상황을 프로그램 개발자가 고려할 필요가 있
음을 강조한다. 셋째, 프로그램 개발자는 분석된 상황과 자신의 관
점에 맞게 단계들 중 일부를 선택할 수 있고 선택된 단계에서도 필
요에 따라 과업들을 선택할 수 있는 유연성이 특징이다. 이는 전통

적 모형의 선형성과 차별화된 부분이다.

2. HRD 교육훈련 프로그램 개발 프로세스를 이해하자

HRD 및 성인교육영역에서 대표적인 교육훈련 프로그램 개발 모형은 교수체제설계(ISD: instructional system design)이다. 교수체제설계는 체제적인 접근을 중시하면서 지금까지 가장 널리 활용되고 있다. 교수체제설계의 대표적인 모형은 분석(Analysis)→설계(Design)→개발(Development)→실행(Implementation)→평가(Evaluation)의 선형적 단계를 강조한 ADDIE모형이다. ADDIE모형이 교수설계모델의 표준이면서 가장 널리 사용되는 ISD모형이다(DeSimon, Werner & Harris, 2002). 그러나 보다 많은 과업들을 각 단계에 포함하여 세밀화된 과정을 중시함으로써 시간 투입이 많은 한계가 있고 특히 단위수업 이상의 교육프로그램 개발이나 교육체계 수립에는 부적합하다(노경란 & 변정현, 2010).

Gustafson과 Branch(1997)는 ISD모형을 표방한 연구들에서 제안한 모델들만 무려 18개에 이른다고 하였다. HRD 담당자들이 잘 알고 있는 또 하나의 ISD 기반 모델을 소개해 보자. [그림 20]에서 Dick & Carey모형은 가장 잘 알려진 프로그램 개발 과정 가운데 하나이다. 이 모형의 가장 큰 특징은 첫째, 교수(instruction)를 설계하고 개발하기 전에 학습목표를 평가하는 단계를 제안하였으며 둘째, 형성평가의 중요성을 강조하였다. 그러나 Dick & Carey모형은 거쳐야 할 단계의 증가로 투입되는 시간과 비용이 증가한다는 단점이 있다(조대연, 이성순, 이경호, 박용호, 2010).

또한 2000년대 들어 역량이 뜨거운 이슈가 되면서 역량기반 교육과정개발 모형이 소개되었다. 역량모델링을 통해 도출된 역량을 함양하기 위한 교육과정개발 과정이나 그 프로세스는 ISD모델을 따

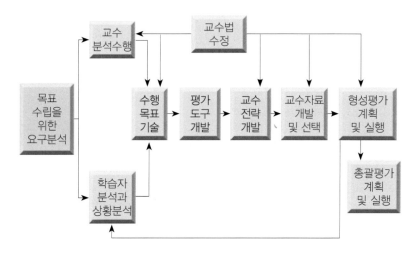

출처: Dick, W., Carey, L., & Carey, J. O. (2005). The systematic design of instruction. Boston: Allyn & Bacon. p. 1.

그림 20   Dick & Carey의 체계적 교수설계모형

른다. 그러나 역량모델링을 통해 도출된 결과를 갖고 ISD 프로세스로 개발하다 보니 기존 교육과정개발 프로세스에서 주로 언급되던 지식과 기술 및 태도로 교육내용이 결정된다. 즉 출발은 기존 ISD모델과 다르지만 최종 결과는 같은 모순을 갖는다. 노경란과 변정현(2010)은 역량모델링에서 우수성과자를 확보해야 하는데 그 판단 기준이 모호하고 실제 우수성과자를 프로그램 개발 과정에서 확보하기 어려운 점을 단점으로 들었다.

앞에서 설명한 ISD모형은 단위수업중심의 교육프로그램 개발 전략으로 활용성이 매우 높다. 그러나 HRD에서는 HRD 상황에 접목된 HRD 프로그램 개발 전략이 필요하다. 본 절에서는 HRD 프로세스([그림 7] 참조)에 기반하여 HRD 교육훈련 프로그램 개발 과정을 설명하고자 한다. HRD 교육훈련 프로그램 개발 과정은 HRD 솔루션을 개발하는 절차로서 선형성을 강조하고 있기 때문에 위에서 설명

한 성인 대상 교육프로그램 개발 이론들 가운데 전통적 모형에 기초하고 있다. 그러나 [그림 21]에서 '사정/분석'단계의 모든 과정을 거칠 필요가 없으며 개발자의 상황에 맞게 1-2개의 분석을 선택적으로 실시할 수 있으므로(조대연, 김명랑, 정은정, 2010) 통합모형이라고 볼 수도 있다.

이미 2장에서 HRD 프로세스에 대해 설명하였지만 HRD 프로그램 개발 과정을 이해하기 위해서는 HRD 프로세스에서부터 시작해야 한다. Jacobs(2003)는 시스템 접근을 기초로 투입→과정→산출의 3단계와 피드백으로 구성된 HRD 프로세스를 언급하였다. 조대연, 김명랑, 정은정(2010)은 Jacobs의 HRD 프로세스를 기반으로 Input, Process, Output의 앞 글자를 따서 IPO모형을 제안하였다. 여기서는 그들의 IPO모형을 수정·보완하여 [그림 21]과 같이 HRD 교육훈련 프로그램 IPO 개발 모형을 설명하고자 한다.

첫째, 투입단계는 정보를 수집 및 분석하는 단계를 의미한다. 이 단계는 대표적으로 전략적 기획, 요구분석, 성과분석 그리고 직무분석을 포함한다(Jacobs, 2000). 이들은 초점과 대상에 차이가 있으나 현재상태와 바람직한 상태의 차이(gap)를 분석하기 위한 자료수집과 분석 과정들이다. 다시 말해서 개인, 팀 또는 조직의 문제 및 요구(Gap)들을 파악하여 중요도, 긴급도, 치명도 등의 기준에 의해 우선순위를 결정하고 최우선순위 요구들이 발생하게 된 원인을 분석하여 교육훈련, 조직개발, 경력개발 프로그램 등 개발할 HRD 솔루션을 결정하는 단계이다. 구체적인 분석은 다음과 같다.

■ 전략적 기획을 통한 경영전략적 요구분석은 경영층의 요구를 파악하기 위한 프로세스로서 현재 조직의 경영전략적 상태와 미래 지향해야 할 수준을 확인하고 그 Gap을 분석함으로써 조직내 위로부터 요구를 반영하기 위한 노력이다.

- 공급자와 수혜자로부터의 요구분석은 다양하게 이루어질 수 있다. 역량요구분석, 지식 및 기술 요구분석 등 그 대상이 다양하기 때문이다. 조직에서 이루어지는 HRD 솔루션의 대부분이 '교육'이라는 점을 감안한다면 요구분석의 초점은 교육요구분석이 되는 경우가 많다. 조대연(2006)은 요구분석에서 적어도 둘 이상의 이해관계집단을 대상으로 요구분석 실시를 권장하였다. 공급자는 상사, HRD 전문가 등이 될 수 있고 수혜자는 (잠재적)교육대상자를 의미한다. 또한 기존 문서에 대한 분석 역시 요구분석의 한 형태이며 주로 현재상태를 파악하기 위한 노력이다.

- 직무분석 기반 과업요구분석은 각 과업에 대한 현재 수행정도와 미래 또는 중요도 간의 gap을 파악하여 최우선순위로 요구되는 과업의 원인을 분석하는 과정을 의미한다. 직무분석의 최종 산출문은 과업(task)의 리스트를 확보하는 것이다 (조대연, 정은정, 홍순현, 강윤석, 2011). 즉, 직무분석에서 과업은 what to do on your job의 답으로 행위동사들이 핵심이다. 따라서 직무분석 자체가 gap분석을 의미하지는 않는다. 즉 직무분석 결과를 기반으로 과업에 대한 요구분석이 이후 진행된다.

- 성과분석은 다양한 자료를 기준으로 실시될 수 있다. 성과평가지표나 직무분석 결과 등을 활용할 수 있다. 평가지표나 과업의 수행에서 현재 성과수준과 미래 또는 중요도 사이의 성과 격차가 큰 지표나 과업을 선별하여 우선순위를 결정하는 과정을 의미한다.

HRD 담당자는 투입단계에서 제시한 네 가지의 분석과정을 순차적으로 진행할 필요는 없다. 예를 들면, 이미 전략적 기획이나 성과분석이 이루어진 경우 그 결과를 갖고 분석이 이루어질 수 있고 조직에 따라서 위 네 가지 분석을 실시할 수 없는 경우도 있을 수 있다. 그러나 HRD 담당자는 자신과 조직의 상황에 따라서 적절한 분석전략을 선택하여 계획·실행해야 한다. 또한 전략적 기획 결과, 수혜자의 요구 및 공급자의 요구가 서로 다른 경우 어떻게 이를 중재할 것인가에 대한 Tip은 앞에서 언급한 프로그램 개발 이론 중 정치협상 모형에서 얻을 수 있다.

둘째, 과정(process)단계로 첫 단계인 투입단계에서 도출된 결과를 갖고 설계와 개발 및 실행의 단계로 들어간다. 설계와 개발 및 실행의 단계는 비교적 선형성을 갖는다. 아래 내용들이 순서적 절차들이다.

- 프로그램 설계를 위하여 프로그램에서 다루어야 할 내용을 선별한다. 많은 부분 HRD 프로그램이 교육프로그램으로 구현되는 것을 고려할 때 내용은 교육시킬 내용 추출을 의미한다. 예를 들면, 투입단계에서 교육요구분석을 실시했을 때 도출된 우선순위에 따른 내용들은 당연히 교육시킬 수 있는 내용들이다. 그러나 도출된 내용들이 현장훈련으로 더 적합한지 아니면 집합교육으로 더 적합한지에 대한 판단에 기초하여 HRD 담당자가 개발하고자 하는 교육형태에 맞는 교육시킬 내용을 선별하는 것이다. 내용 선별에서 SME들의 도움을 받을 수 있다. 3장에서 언급한대로 HRD 담당자가 모든 내용에 전문가일 수는 없기 때문이다.

  또 다른 예를 하나 들어보자. 직무분석의 결과에 기초하여 과업에 대한 우선순위가 결정되었을 때 과업분석(Task analysis)이 행해진다. 물론 우선순위가 높은 과업들 중에서도 교육으로 해결될 수 없는 과업들은 과업분석의 대상에서 제

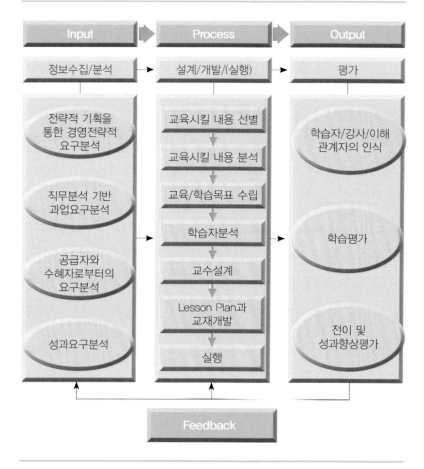

그림 21   IPO 개발 모형

외된다. 과업분석은 결국 교육시킬 task를 선별하기 위한 과
정이다. 즉 과업분석을 통해 하나의 과업수행에 필요한 절차
들(steps), 절차마다 잘 수행되었는지를 판단할 수 있는 성과
기준(performance standard), 그 성과기준에 도달하기 위해 필
요한 도구, 지식, 태도, 안전이슈들 등이 도출되며 이들이 교
육시킬 잠재적 내용들이 된다. 성과기준은 나중에 교육/학습
목표 및 평가지표로 활용될 수 있다.

- 교육시킬 내용을 분석한다. 이를 내용분석(Content analysis)이라고 한다. 내용분석은 앞에서 도출된 교육시킬 내용을 더 작게 가르칠 수 있는 단위들로 나누는 과정을 의미한다. 주로 지식이나 정보의 검증과정이다. 내용분석은 HRD 담당자와 SME들의 협력 작업으로 행해진다. 선별된 교육시킬 내용들을 지식, 기술, 태도로 구분하거나 또는 사실(facts), 개념(concepts), 절차(procedures) 그리고 원리(principles)로 구분한다. 사실과 개념은 지적스킬(intellectual skills)을 의미하며 절차는 각 과정의 단계를 말하고 행동으로 보이는 'verbal motor chain'을 의미하며 원리는 인지 및 사고전략(cognitive strategies)으로 문제해결력, 갈등관리, 의사결정 등을 포함한다. Dick, Carey 그리고 Carey(2001)는 언어적 정보(verbal information), 지적 기능(intellectual skill), 심동기능(psychomotor skill), 태도(attitude)로 구분하였다. 이처럼 교육시킬 내용의 구분 기준은 학자마다 다양하다(조대연, 정은정, 홍순현, 강윤석, 2011).

　　최근에는 지식과 기술 간의 구분이 어렵기 때문에 지식, 기술, 태도로의 구분은 현실성이 떨어진다. 이와 같은 내용분석 결과는 가르칠 내용의 계열화를 완성하는데 도움을 준다. 예를 들면, 사실보다는 개념이, 개념보다는 절차가, 절차보다는 원리가 교육생이 학습하기 어렵다. 그렇다면 어떤 것들을 1차시 모듈에 배치해야 하는가의 결정에 내용분석결과는 매우 큰 도움을 준다. 또한 학습목표를 결정하는데도 내용분석의 결과가 활용된다. 또한 평가방법에도 영향을 미친다.

- TO(target objective)와 EO(enabling objective)를 수립한다. TO는 교육이 종료되었을 때 교육생들이 알고 실천할 수 있어야 하는 것들을 의미한다. 반면 EO는 TO도달에 기여하기 위해

교육동안 교육생들이 알고 실천할 수 있어야 하는 것들을 의미한다. TO는 EO보다 큰 개념이며 하나의 TO에는 여러 개의 EO가 있을 수 있다. EO들을 하나씩 학습자가 성취하게 되면 결국 TO에 도달하게 된다. TO와 EO는 크게 행동, 조건, 그리고 성취기준의 세 가지 요소로 진술할 수 있다. 또한 학습목표 도달을 확인하기 위한 평가 계획도 여기서 수립한다.

▪ 학습자 분석이 이루어진다. HRD 담당자가 설계하고 있는 프로그램과 관련된 교육생의 역량을 파악한다. 즉 교육내용에 대한 교육생의 현재 지식과 기술 보유 정도는 어떠해야 하는지, 과거 경험, 교육 참여시점에서 교육생들에게 기대되는 직무역량, 언어, 읽기, 말하기 등 표현 역량정도는 어느 정도이어야 하는지, 교육에 대한 교육생의 태도, 선호하는 교육방법이나 교육매체는 무엇인지 그리고 교육에 대한 조직 분위기는 어떠한지에 대한 분석이 이루어진다. 그러나 현실적으로 교육 참여자의 연령, 경력, 현 직무, 직급에 대한 인사정보를 갖는 것이 일반적이다.

▪ 교수설계가 이루어진다. 교수설계는 교과목별 교육내용의 모듈화 작업과 함께 교수방법 및 매체를 구상하는 단계를 의미한다. 위에서 설명한 교과목에 대한 내용분석 결과에 기초해서 교육내용을 전달하기 위해 주어진 일정 동안 어떻게 교육내용을 구성할 것인가에 대한 결정과정이라 할 수 있다. 교육내용 계열화는 W(Whole)－P(Parts)－W(Whole) 원칙이 적용된다([그림 22] 참조). 이 원칙은 전체 교육일정을 구성할 때도 적용될 수 있고 단위 수업 1－2시간의 학습 이벤트를 구성할 때도 적용될 수 있다. 예를 들면, 5박 6일 교육일정을 수립할 때 교육과정의 초반은 교과목 전체를 아우를 수 있는 큰 주제를 배치한다. 그리고 세부적인 부분들을 다룰 수 있는 교과목

들을 배치한다. 그리고 마지막으로 다시 한 번 교육과정 전체를 종합할 수 있는 큰 주제를 배치한다.

일반적으로 HRD 담당자는 교육과정 설계 속에서 교과목 그리고 교과목별 강사확보까지를 담당하게 된다. 그러나 강사를 확보할 때 강사에게 어떤 내용이 강의에서 다루어져야 할지에 대한 정보를 강사와 협의해야 한다. 따라서 교수설계는 ISD에서처럼 자세히 구성될 필요는 없다. 다만 HRD 담당자는 각 과목마다 핵심적인 교수요목 정도를 결정해야 한다. 즉 1차시에는 어떤 내용들이 그리고 2차시에는 어떤 내용들이 학습자에게 전달되어야 함을 강사와 협의해야 한다. 이때 차시별 교육내용의 결정은 내용분석 결과에 기초한다. [그림 22]를 보면 부분에서 단순→복잡, 아는 것→모르는 것, 구체적→추상적인 것으로 교육내용을 배치할 것을 권한다. 물론 복잡→단순 등의 반대 원리를 취할 수도 있다. 그러나 안드라고지 등 성인학습원리에 기반을 둔다면 [그림 22]가 유용하다. 이는 차시별 교육내용의 배치에도 적용되지만 전체적인 교육과정에서도 같은 원리가 적용된다.

교육내용이 계열화되면 HRD 담당자는 교육방법을 결정한다. 교육방법의 결정은 주로 교육목표 또는 학습목표에 의해서 결정된다. 그러나 교수자의 교수철학, 학습자 특성, 교육내용, 시간과 비용 등에 의해 영향을 받는다. 예를 들면, 위에서 설명한 내용분석(content analysis)에서 개념을 이해하는 인지스킬유형의 내용이 도출되었다면 학습목표는 '~의 개념적 구성요소 두 가지 이상을 말할수 있고 잘못된 개념 예를 선택할 수 있다'라고 하자. 이 경우 비용 및 시간대비 효과측면에서 적절한 교육방법은 프레젠테이션이 될수 있다. 또한 교수설계과정에서 교육방법에 따른 교육매체를 선택하는 것을 대부분의 문헌들에서 포함하고 있지만, 현실적으로 HRD

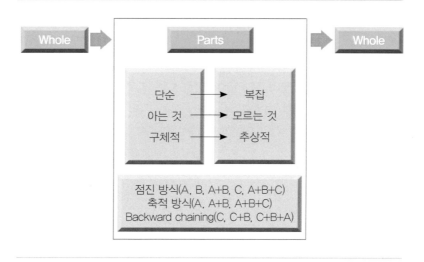

그림 22 　교육내용의 계열화

담당자의 몫이라기보다 강사의 몫이므로 여기서는 논외로 한다.

- Lesson Plan과 교재구성이 이루어진다. Lesson Plan 역시 HRD 담당자보다는 강사의 몫이다. 그러나 HRD 담당자는 강사의 Lesson Plan을 사전에 검토할 필요가 있다. 교육/학습목표의 적절성, 목표와 내용의 연계성, Whole-Part-Whole 원칙에 입각한 학습 이벤트들의 계열화 적합성, 교육매체의 적절한 활용여부, 학습목표와 평가의 연계성 등을 확인해야 한다. Lesson Plan의 원칙은 앞에서 설명한 Whole-Part-Whole원칙이 적용된다. 예를 들면, 2시간 동안의 강의에서 무슨 교육내용을 어떻게 전달할 것인가를 구성하는 단계이다. 교수요목은 HRD 담당자가 강사에게 전달하고 강사는 이를 W-P-W원칙에 맞게 계열화하여 Lesson Plan을 작성하는 경우가 일반적이다. 학습 이벤트의 계열화는 W-P-W 이외에도 다양한 원리들이 적용될 수 있다. 예를 들면, Dick,

Carey와 Carey(2005)는 사전교수활동(학습자의 관심과 주목을 얻고 학습목표를 설명하며 학습자가 사전 지식을 갖고 있는지 확인하는 활동), 주요 교육내용 제공, 학습자 참여활동(학습내용을 학습자들이 실습하고 강사는 피드백을 제공하는 활동), 평가 및 추수활동의 원리를 강조하였다. Keller(1987)는 ARCS(주의집중:Attention → 적절성:Relevance →자신감:Confidence→만족감:Satisfaction) 전략을 소개했다. 또한 도입→전개→절정→결말도 학습 이벤트 계열화의 한 예이다. Jacobs(2003)는 S−OJT로 교육내용을 전달할 때 학습이벤트로 주의집중 얻기→학습목표와 그 당위성 언급→전(前)차시 학습상기→학습내용전달→학습자의 적극적인 참여기회부여→학습자가 참여하여 수행한 성과의 피드백 제공→종합 및 어떻게 학습한 것을 활용할 것인가에 대한 전이 확인으로 Lesson Plan이 구성된다고 하였다.

교재의 구성은 HRD 담당자가 강사들이 제출한 강의 파일을 종합하여 교재로 만드는 것이 일반적이다. 그러나 경우에 따라서는 HRD 담당자가 SME들과 함께 교재를 직접 개발할 때도 있다. 이 경우 강사를 위한 매뉴얼을 먼저 만들고 그 내용 중에서 선택하여 학습자를 위한 교재를 구성하는 것이 효율적이다.

셋째, 산출(output)단계는 과정 단계에서 진행된 학습의 결과를 평가하는 단계이다. 둘째 단계인 과정단계가 순서를 반영한 선형성을 갖는 반면 산출단계는 상황에 기반을 두어 HRD 담당자가 학습자의 인식정도, 학습정도, 전이를 통한 성과향상정도를 선택하여 평가할 수 있다.

■ 학습자의 인식에 대한 평가는 교육에 대한 전반적인 반응을 살펴보기 위한 만족도 평가를 의미한다. 강사, 교육내용, 교육방법, 교육시설에 대한 학습자의 만족도 인식을 평가한다. 또한 강사와 이해관계자(예를 들면, 상사와 동료 등)의 만족도 평가도 고려해 볼 수 있다. 강사의 만족도는 학습자 태도, 참여와 몰입, HRD 담당자의 역할, 교육시설 등에 대한 강사의 만족도 인식정도를 평가할 수 있다. 또한 이해관계자의 만족도 평가는 학습자가 현업에 복귀했을 때 학습자의 변화정도에 대한 인식을 평가할 수 있다. 강사와 이해관계자로부터의 인식평가는 HRD 담당자에게 의미 있는 피드백을 제공해 줄 수 있다.

■ 학습자의 학습정도에 대한 평가는 수립된 학습목표에 따라서 학습평가의 방법이 달라진다. 예를 들면, 과정단계에서 설명한 내용분석결과 학습내용이 인지스킬유형에 속한다면 지필평가, 구술시험 등이 활용될 수 있다. 다른 예를 들어보자. 학습내용이 심동기능(예를 들면, ~단계별로 실행할 수 있다)에 속한다면 각 단계별로 학습자가 적절히 수행하는지 여부를 체크리스트를 통해 평가할 수 있다. 학습결과의 평가방법에는 행동관찰, 질문지, 구술, 지필평가, 암기, 체크리스트 등이 활용될 수 있다. 특히 행동관찰과 질문지는 각각 학습자의 학습 과정 동안과 학습 종료시 태도를 평가하는데 유용하다. 평가내용과 평가방법에 대한 매칭을 [표 2]로 제시하였다.

■ 성과평가는 학습자가 현업에 복귀했을 때 학습결과의 현업적용정도와 이를 통한 성과향상정도에 대한 평가를 말한다. 일반적으로 현업 복귀 후 일정기간이 지난 시점에서 설문과 전화인터뷰 또는 초점집단면접회의 등을 통해 현업적용정도의 자료를 수집한다. 또한 성과향상정도는 학습자의 상사를

표 2 평가내용과 평가방법의 매칭

평가내용	평가방법(예)
만족도 ▶ 학습자 ▶ 강사 ▶ 이해관계자	• 행동관찰 • 구술시험 • 질문지
학습 ▶ 지식 ▶ 기술	• 지필시험 • 암기
성과 ▶ 개인차원 ▶ 작업프로세스 ▶ 조직	• 성과 체크리스트 • 현존자료

통해서 자료를 수집할 수 있다. 성과평가는 교육 종료 후 일정 시점에서 진행되므로 HRD 담당자에게 현실적으로 자료 수집에 어려움이 있다. 이를 조직내 시스템을 구축하고 제도화하여 일정기간(예를 들면, 3개월 후) 경과 후 성과평가를 학습자와 상사에게 의무적으로 부과할 수도 있다.

■ 또한 평가의 시점에 따라 평가는 다양할 수 있다. 평가시점을 HRD 프로그램의 Before, During 그리고 After로 구분할 수 있다. 프로그램 전에 사전평가가 실시되며 학습자들의 역량, 태도, 동기 등에 대한 현재수준을 파악하고 사전학습내용이 주어졌을 때 교육 첫 날 사전학습여부를 평가할 수 있다. 프로그램 중간에 실시되는 평가를 형성평가라고 하며 학습자의 진전(progress)과정에 대한 정보를 수집할 수 있다. 총괄평가는 교육종료 또는 그 이후에 실시되는 평가를 의미한다.

HRD 평가 및 프로그램 평가 등 전반적인 평가는 다음 6장에서 좀 더 자세히 다루기로 한다.

Human
Resource
Development
Essence

Chapter 6

HRD 평가 전문성에 기반한 결과 보고자

HRD 프로세스에서 마지막 단계인 산출(output)은 '평가와 개선' 단계이다. 즉 평가는 투입단계인 분석에서 시작하여 HRD 프로그램 개발 및 실행과정의 결과를 파악하고 개선점을 찾기 위한 노력이다. HRD 담당자들이 HRD 프로세스를 통해 수행한 다양한 노력의 결과를 파악하고 이해관계자들에게 보고하는 중요한 단계이므로 HRD 담당자들이 관심을 가질 수밖에 없다. 그럼에도 불구하고 HRD 연구영역에서 다른 이슈들에 비해 상대적으로 덜 관심을 받아왔다(Swanson & Holton, 2001). 또한 HRD 현장에서도 HRD 프로그램, 특히 교육훈련이 양적으로 측정될 수 없으며, 교육훈련보다 조직구성원의 행동변화에 영향을 미치는 다른 변인들이 많고, 교육훈련 평가에 많은 경비가 소요된다는 의견도 있다(Swanson, 2001). 그럼에도 불구하고 HRD 평가는 HRD 프로세스의 3대 구성요소 중 하나이다. 따라서 본 장에서는 HRD 평가에 대해 올바른 이해를 도모하고 구체적인 평가 전략들을 소개하고자 한다.

1. HRD 평가의 다양한 관점에 대해 이해하자

먼저 평가와 측정을 구분해 보자. 측정은 자료수집을 위한 과정이다. 어떤 사람의 키가 몇 cm인지를 파악하고자 한다면 이를 측정이라고 한다. 정확한 측정을 위해서 다양한 방법이 동원될 수 있고 여러 번 측정할 수도 있다. 측정은 객관적이고 신뢰롭고 타당한 정보를 제공해야 한다. 만약 정확한 측정 결과 어떤 남자의 키가 176cm라고 하자. 이 키는 과연 큰 키일까 아니면 작은 키일까? 이와 같은 판단을 평가라고 한다. 즉 평가는 정확한 측정이나 자료수집 및 분석 노력을 통해 확보된 결과의 의미에 대해 의사결정을 내리는 것이다. 평가자는 합리적인 기준이나 비교 등을 통해 판단을 한다. 따라서 평가는 체계적, 객관적 그리고 과학적인 노력과 함께 평가자의 가치판단이 포함된다.

HRD 평가의 정의는 다양한 관점에서 정의될 수 있다. 그러나 유용성 차원에서 다양한 관점들은 통합가능하다. 예를 들면, 목적에 의해 평가가 정의될 수 있지만, 그 결과를 활용하는 측면까지 평가의 정의가 확장가능하며 이는 평가의 유용성 차원에서 긍정적인 일이다. 평가란 하나의 이벤트가 아닌 모든 중요 의사결정자, 이해관계자 그리고 영향력 있는 사람들을 참여시키는 지속적 과정이며 조직의 전략적 목표 및 성과목표 그리고 비즈니스 니즈의 명확한 이해에 의해 영향을 받는다(Gilley, Eggland, & Gilley, 2002:381).

박소연(2010)은 HRD 평가에 대한 접근방식에 따라서 세 가지의 개념을 소개하였다: 첫째, 목표중심 평가모형에서는 평가를 교육과정에 의해 교육목표가 어느 정도 달성되었는가를 결정하는 과정으로 본다. 둘째, 의사결정중심 평가모형은 의사결정자와 이해관계자에게 유용한 정보를 제공하는 것으로 평가를 정의한다. 셋째, 판단중심 평가모형에서는 HRD 프로그램의 가치를 판단하는 것으로 HRD 평가를 정의한다. 그러나 세 가지 접근방식 중 HRD에서 평가는 주로 HRD 프로그램에 대한 의사결정에 초점을 두고 있다(박소연, 2010). Pillips(2003)는 HRD 평가란 조직내 HRD 프로그램을 선택, 실행, 팔로우업 할 때 효과적인 의사결정을 위해 자료를 수집하고 활용하는 것으로 정의하기도 하였다.

또한 HRD 프로그램 개발 과정 또는 HRD 프로세스의 각 단계마다 평가가 이루어져야 하고 각 단계마다 평가의 어떤 포인트를 갖고 평가활동이 이루어져야 하는지를 강조하는 관점도 있다. Brinkerhoff(1981)는 교육훈련 프로그램 평가란 교육훈련 상황, 요구, 기획, 실행, 그리고 효과에 대해 시스템적인 탐구를 수행하는 것으로 정의하였다. 이 관점은 평가가 HRD의 모든 과정에 걸쳐 이루어져야 한다고 본다. 그러나 모든 과정에서 평가가 이루어져야 하는 당위성은 인정하지만, 현실적으로 어려움이 있으며, HRD 프로세스가 평가를 위한 과정으로 인식되어 주객이 전도될 수 있고 HRD 프로세스의 각 단계별로 HRD 담당자들이 해야 할 일이 결국 평가인 것처럼 오해될 수도 있다. 결과적으로 HRD 평가란 전체 HRD 프로세스의 결과물에 대한 다양한 차원(예를 들면 목표도달여부, 평가결과인 정보의 유용성 등)에서 가치를 판단하는 의사결정과정이면서 동시에 가치를 판단할 수 있도록 도움을 주는 의사결정 지원과정이라고 할 수 있다.

HRD 평가의 목적은 HRD 평가의 이유이기도 하다. Kraiger (2002)는 HRD 프로그램 평가 이유를 의사결정을 제공하기 위한 것, 피드백을 제공하기 위한 것, 그리고 마케팅을 위한 것으로 제시하였다. Kirkpatrick과 Kirkpatrick(2006:17)은 HRD평가의 목적을 다음과 같이 세 가지로 제시하였다: 첫째, HRD 프로그램이 조직의 목표에 어떻게 기여하는지를 보임으로써 HRD 부서의 존재와 예산을 정당화하기 위한 것; 둘째, HRD 프로그램의 지속성 여부를 결정하기 위한 것; 셋째, 향후 HRD 프로그램을 어떻게 개선할 것인가에 대한 정보를 얻기 위한 것.

배을규(2005)도 HRD 평가가 세 가지의 목적을 갖는다고 하였다: 첫째, 평가기준에 기초하여 특정 HRD 프로그램의 전반적인 가치와 성과를 결정하는 판단평가(judgement evaluation), 둘째, 평가결과에 대한 피드백을 통해 프로그램 기획과 설계 및 실행의 향상을 도모하는 개선평가(improvement evaluation), 그리고 하나의 HRD 프로그램 평가 과정 속에서 평가자와 이해관계자들 간 지식공유와 협력적 학습을 통해 조직 전체 HRD에 대한 새로운 시각, 지식과 노하우를 생성하기 위한 학습평가(learning evaluation). 그러나 학습평가는 평가의 목적이라고 보기에는 한계가 있다. 학습을 목표로 평가를 진행하는 것이 아니라 평가를 하는 과정 중에 학습의 기회를 갖게 되는 것으로 이해해야 하며 Preskill과 Torres(1999)는 이를 평가적 탐구(evaluative inquiry)로, Russ-Eft와 Preskill(2001)은 조직학습의 현상으로 이해하고자 하였다.

Kirkpatrick과 Kirkpatrick(2006)의 세 가지 목적 가운데 첫째와 둘째는 배을규(2005)의 목적 구분에서 판단평가에 해당하며 셋째 목적은 개선평가에 해당한다. 따라서 HRD 평가의 목적을 크게 두 가지로 구분할 수 있다. 첫째는 투입과 과정 단계를 거쳐 만들어지고 구현되는 HRD 프로그램의 질 관리를 위한 것이고 둘째는 HRD 프로세스가 조직 성과향상에 기여하는지 확인하기 위한 것이다. 전자의 목적은 주로 HRD 담당자가 관심을 크게 갖는 것에 비해 후자의 목적은 조직내 HRD 기능의 존재이유를 확인하고 정당화하기 위한 것으로 평가 결과에 대해서 'C-level'들이 주로 관심을 갖는다.

HRD **평가 수준**은 학습자, 프로그램 그리고 조직 수준으로 구분할 수 있다.

- 학습자 수준의 평가는 개별 학습자의 학습목표 도달 정도와 학습전이를 통해 업무행동의 변화 등을 확인하는 것으로 HRD 프로그램 시작 전, 중간 또는 종료 후에 실시된다. 우리는 이미 5장의 마지막 부분에서 학습자 수준에서 이루어지는 평가를 학습한 바 있다.
- 프로그램 수준의 평가는 일반적으로 프로그램 평가라고 불린다. 멘토링, S-OJT, 하나의 집합교육과정 등 HRD 개별 프로그램의 효과성과 목표도달 여부를 확인하여 이해관계자들과 의사결정자들이 필요로 하는 정보를 산출·제공하는 과정을 의미한다(김한별, 2013).
- 조직 수준의 평가는 조직내에서 이루어지는 HRD 프로그램 및 기능에 대하여 성과를 확인하고 이를 기초로 조직내 전체적인 HRD 프로그램 개발과 실행 프로세스를 개선하기 위한 평가를 의미한다.

이상의 세 가지 평가 수준 모두 개별 또는 전체 HRD 프로그램에 대한 종합적 가치판단을 통해 프로그램의 지속 및 개선여부 등을 결정하는데 의미 있는 정보를 제공한다. 또한 HRD 평가의 각 수준은 공통적으로 체계적이고 과학적인 방법으로 자료를 조사·수집하고 분석하여 이해관계자와 의사결정자가 필요로 하는 정보로 변환하는 과정을 거친다. 이 과정은 학위논문 또는 학술논문을 쓰는 연구(research) 수행과정과 매우 비슷하다.

평가의 질은 평가결과에 대한 이해관계자나 의사결정자의 신뢰를 확보하는 매우 중요한 요소이다. 평가의 질을 판단하는 가장 보편적인 기준이 1994년 발표된 미국 교육평가표준 협동위원회(Joint Committee on Standards for Educational Evaluation)에서 제시한 네 가지 기준이다(박소연, 2009:34): 첫째, 유용성은 이해관계자나 의사결정자 등 평가관련자들의 요구를 충족시킬 수 있는지에 대한 기준으로 평가에 대해 이해관계자들의 요구분석이 실시되어야 하고 능력 있는 평가자가 확보되어야 하며 명확한 보고서 작성이 필요하다. 둘째, 실행가능성은 평가가 현실적·경제적으로 수행 가능한지에 대한 판단 기준으로 현장에서 평가가 가능하고 효율적인 비용으로 실행되어야 함을 강조한 기준이다. 셋째, 정당성은 평가대상자에 대해 윤리성을 보장하고 있는지의 기준으로 평가에 영향을 받는 개인의 권리를 침해하지 않도록 윤리적 민감성에 대한 기준이다. 넷째, 정확성은 평가의 신뢰성과 타당성을 확보하였는가에 대한 기준으로 평가자의 전문성과 논리성 등을 포함하는 기준이다.

HRD 평가 초점은 'HRD 프로세스'에서 무엇에 초점을 두느냐에 따라 결과중심평가와 과정중심평가로 구분된다. 결과중심평가는 HRD 결과를 대상으로 하며 평가결과를 활용하기 위한 것이다. 예를 들면, Kirpatrick 모형과 Philips 모형은 HRD 또는 교육훈련의 결과에 대한 가치판단 활동이다(김한별, 2013). Swanson과

Holton(2001)이 평가라는 이름보다 'results assessment'라는 표현을 사용한 것만 보더라도 HRD에서 결과중심평가의 중요성을 실감할 수 있다.

결과중심평가는 평가의 대상과 범위가 한정되어 있고 교육훈련과정과 관련된 다양한 요인들을 반영하지 못하는 한계도 있다(배을규, 2005). 따라서 과정중심평가 전략들이 관심을 받는다. 과정중심평가는 논리주도평가나 CIPP 평가처럼 HRD 결과도 평가대상이지만 결과중심평가에서 블랙박스로 여겨졌던 투입과 과정에 대한 평가에 초점을 둔다.

한편 과정중심평가와 혼동을 일으킬 만한 비슷한 표현이 '과정활용평가'이다. 과정활용평가는 평가과정의 활용에 초점을 둔다. 즉 평가과정동안 평가 참여자들 간 새로운 학습의 기회가 발생할 수 있음을 강조한다. 평가관련자들이 평가활동에 참여함으로써 평가 관련 이슈에 대한 정보공유와 학습이 가능하고 이를 통해 평가 관련 또는 평가 외적인 새로운 지식이 창출되어 개별 평가 참여자들의 지식과 기술, 태도 등의 변화를 도모할 수 있다(Russ-Eft & Preskill, 2001).

2. 구체적인 평가 전략들을 이해하자

HRD 연구자들과 담당자들 모두 HRD 평가의 중요성을 인정한다. 그러나 그 실천은 만족스럽지 못한 것이 사실이다. HRD 평가 전략의 핵심은 '무엇'을 '어떻게' 평가할 것인가에 있다. 대표적인 HRD 평가 전략들을 몇 가지 소개한다.

(가) Kirkpatrick의 4단계 평가: 1960년대부터 HRD 평가를 지배해 왔다. 오랜 기간 동안 Kirkpatrick의 4단계 평가는 많은 비판에

도 불구하고 그 유용성에 대해 인정받아 왔다.

- level 1(반응평가): HRD 프로그램에 참여한 학습자의 심리적 만족감에 초점을 두고 전달내용, 강사, 환경, 교재, 전달방법, 일정 등에 대한 유용성과 만족도를 측정하고 평가한다. 반응 평가는 참여자의 HRD 프로그램 내 경험에 대한 가치판단에 전적으로 의존(김한별, 2013)하기 때문에 HRD 담당자의 역할이 다른 단계에 비하여 축소된다. 반면 level 2부터는 HRD 담당자가 학습자로부터 데이터를 수집하여 분석하고 가치판단을 한다.
- level 2(학습평가): HRD 프로그램 참여자의 학습목표 도달 정도를 파악한다. 즉 프로그램이 종료된 시점에서 참여자의 지식, 기술, 태도 등의 변화정도에 관심을 둔다.
- level 3(행동평가): HRD 프로그램 종료 후 참여자가 현업에 복귀했을 때 행동의 변화된 실천 수준에 관심을 갖는다. 즉 학습된 내용이 얼마나 현장에 전이되어 활용을 통해 업무수행 향상에 기여했는지를 파악한다. 이를 위해 360도 평가 또는 다면평가가 이루어질 수 있다.
- level 4(결과평가): HRD 프로그램(들)을 통해 나타난 조직의 성과향상 수준을 파악하는데 초점이 있다. 이는 조직내 HRD 기능에 대한 존속여부와 함께 투자에 영향을 줄 수 있는 직접적인 평가라고 볼 수 있다. level 4 평가는 경제적 측면에서 결과가 확인될 수도 있지만, 비재무적 측면들, 예를 들면, 조직구성원의 가치, 윤리, 헌신 등 의식변화, 조직문화의 변화 등에서도 이루어질 수 있다.

Kirkpatrick의 4단계 평가에 대한 장점은 HRD 담당자가 쉽게 이해할 수 있고 각 단계가 논리적이며 실제 적용방식도 간단하고 실용적이라는 주장이 있다(Allinger, 1998, 오인경, 2000, p77 재인용). 한편 Kirkpatrick의 4단계 평가에 대해 비판 역시 만만치 않다. 배을규(2005)는 Kirkpatrick의 평가가 특정 준거나 기준에 초점을 두고 HRD 프로그램의 결과를 측정하는데 치중하여 HRD 프로그램과 관련된 다양한 변수를 평가할 수 없다고 지적하였다. Swanson과 Holton(2001)은 Kirkpatrick의 4단계 평가에 다음과 같은 문제점들을 비판하였다: 첫째, 선행연구들에 의해 4단계 평가가 지지되지 않으며 특히 네 가지 단계가 서로 약한 상관관계가 있는 점; 둘째, 반응평가를 강조하나 사실 반응평가는 학습이나 성과평가와 거의 상관이 없는 점; 셋째, 모델을 개선하기 위한 노력이 거의 없이 40년 이상을 지속해 온 점; 넷째, level 3와 level 4는 거의 사용되지 않는 점; 다섯째, 단지 네 가지 단계의 데이터만을 갖고 잘못된 결정을 내릴 수 있는 점.

사실 level 1 평가는 많은 조직들에서 실시되고 있다. 그러나 level 2에 비하여 level 3, 그리고 level 3에 비하여 level 4 평가는 거의 이루어지고 있지 않은 것이 현실이다. 최근 국내 교육전문기관인 엑스퍼트 컨설팅의 보고서(2012)에 따르면, 국내 200여개 기업 중 level 1 평가를 실시하는 기업은 45.5%, level 2 평가를 실시하는 기업은 44.3%였지만, level 3는 8.75%, level 4는 1.5%에 불과하였다. 또한 설문 참여 기업 중 상위 10%에 해당하는 20개 기업을 대상으로 단계별 평가 실시 여부를 조사한 결과, level 1은 59.3%, level 2는 24.7%, level 3는 12.95%, 그리고 level 4는 3.1%였다. 이와 같은 경향은 최근 미국의 다양한 보고서들과도 일치하는 결과이다. 결국 Swanson과 Holton(2001)의 지적처럼 Kirtpatrick의 4단계 평가가 기업 등 조직에 유용한 평가 모델이라면 더구나 전략적 HRD의 성숙으로 level 3와 level 4 평가의 중요성이 강조되고 있는 상황에서 위와 같은 결과는 Kirtpatrick 모델을 넘어선 다른 평가모델이 필요함을 의미한다고 볼 수도 있다.

또한 level 1과 level 2에 비하여 level 3와 level 4가 성과 향상이라는 HRD 목적에 부합하는 평가이다. 이에 따라 4단계 평가의 위계성에 대한 오해가 있다. 즉 상위 단계로의 이동이 긍정적이며 반응평가는 평가를 한다고 이야기할 수 없을 정도로까지 여긴다. 그러나 Kirkpatrick(1998)은 level 3와 level 4 평가의 중요성을 인정하면서 동시에 level 1과 level 2 평가도 간과되어서는 안 된다고 주장하였다.

또한 4단계 평가는 Kirkpatrick의 본래 의도와는 달리 많은 학술 및 현장 보고서들에서 단계별 연계성을 강조해왔다. 그러나 이는 Kirkpatrick 모델의 오해에서 발생한 결과이다. 즉 Kirpatrick의 모델은 level 1 보다 level 2를 그리고 level 2보다 level 3 또는 level 4를 평가해야 함을 의미하지 않는다. 또한 level 1부터 level 4까지 단계별 연계성이 있어야 한다는 것은 이해하기 어렵다. 만약 level 1 평가가 좋으면 level 2 평가가 높고 이어서 level 3와 4 평가결과 역시 긍정적일 것이라는 믿음은 Alliger와 Janak(1989)의 연구결과 지지되지 않았다. 이는 당연한 결과라고 볼 수 있다. 만약 level 1 평가를 포함한 단계별 연계성에 기초한다면 level 1 평가만을 강조하고 다른 level들의 평가는 간과해도 되는 모순에 빠지게 된다.

한편 Chang(2010)은 Kirkpatrick의 level 1을 제외한 level 2~level 4의 연계성을 강조하면서 이를 실증적으로 검증한 결과 level 2 평가와 level 3 평가는 level 4 평가를 예측할 수 있었다. 즉 학습현장에서 학습성과가 발생하고 긍정적인 행동변화가 일어났을 때 조직의 성과는 향상될 수 있다는 것이다. 또한 최근 국내연구에서 박선민과 박지혜(2012)는 기업의 무형식 학습기회가 많을수록 재무적 성과와 비재무적 성과에 영향을 미쳐 결국 재무적 성과가 향

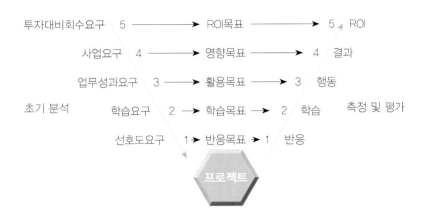

투자대비회수요구   5 ————→ ROI목표 ————————→ 5 ↗ ROI

사업요구   4 ————→ 영향목표 ————→ 4 결과

업무성과요구   3 ———→ 활용목표 ———→ 3 행동

초기 분석   학습요구   2 → 학습목표 → 2 학습   측정 및 평가

선호도요구   1→ 반응목표 → 1 반응

프로젝트

그림 23 Kirkpatrick의 평가 단계 결정 및 일관된 진행

상됨을 실증적으로 규명하였다. 이는 level 2 평가결과가 level 4 평가결과에 영향이 있음을 지지하는 연구결과들이다.

　'분석단계' → '설계 및 실행단계' → '평가 및 개선단계' 로 구성되는 HRD 프로세스를 생각해보자. 평가는 결국 분석단계에서부터 고려되고 영향을 받는다. 분석결과를 기초로 설계단계에서 HRD 프로그램의 목적이 수립되고 이를 달성하기 위해 설계 및 실행이 이루어진다. 결국 평가는 분석단계에서 도출된 요구가 HRD 프로그램에 의해 충족되었는지 또는 HRD 프로그램의 목적이 달성되었는지 여부와 그 정도를 결정하는 것이다. 따라서 Kirkpatrick의 평가단계는 [그림 23]에서처럼 분석과정에서 파악된 요구에 의해 어떤 단계의 평가가 수행될 것인가가 결정된다. 만약 선호도 요구가 있다면 이를 반영한 목표(위 그림에서는 반응목표)수립이 되어야 하고 결과적으로 반응을 평가해야 한다. 만약 학습요구가 파악되었는데 목표 수립에서 적용에 목표를 두고 평가는 ROI를 평가한다고 해보자. 평가과정이 힘들 뿐만 아니라 평가결과 역시 만족스럽지 못할 것은 자명한 일이다. 따라서 Kirkpatrick의 4단계 평가는 분석과정에 기초한 HRD 프로그램의 목적에 따라 단계가 결정되고 일관성이 있게 진행되어야 한다.

(나) Philips의 5단계 평가(ROI): Kirkpatrick의 평가모형에서 level 4 평가의 중요성은 최근 HRD 트렌드에서 더욱 강조되고 있다. 그러나 HRD의 직접적인 효과를 조직차원의 성과로 측정하는 것은 쉽지 않다. 이는 HRD 담당자들 관심과 중요성에 대한 인식 결여라기보다 경험이나 구체적인 측정방법에 대한 부족이라고 볼 수 있다. Philips(1997)는 이를 해결하기 위해 5단계 평가 모형을 제안하였다. Philips의 5단계 평가 중 1단계부터 4단계까지는 Kirkpatrick의 4단계 평가와 비슷하다. 그러나 Philips는 투자대비회수율(ROI: Return On Investment)을 추가하였다. ROI를 위한 다양하고 복잡하거나 또는 편리한 공식들이 만들어지고 있지만 기본적으로 아래의 공식에서 출발한다.

$$ROI = \frac{\text{교육훈련으로부터의 재정적 이익}}{\text{교육훈련에 투자된 비용}} \times 100$$

ROI는 교육훈련 프로그램만의 효과와 프로그램에 투자된 비용을 비교하는데 있어서 데이터를 금전적 가치로 전환하는데 초점을 둔다. 이는 HRD 프로그램의 경제적 성과를 파악한다는 점에서 의미가 있다. 그러나 ROI는 Kirkpatrick의 level 4 평가의 기반 위에서 만들어졌고 level 4 평가의 확장에 불과하다는 의견도 있다(Chang, 2010).

한편 지금까지 ROI의 분석 결과 수익률이 없는 HRD 프로그램은 보고된 바 없다. 이는 HRD 담당자 자신들이 계획하고 실시한 프로그램이 결국 기업에 도움이 되지 않았다고 보고하는 것 자체에 대한 거부감 때문일 것이다. 또한 모든 프로그램에 ROI를 분석할 필요도 없다. 단계가 높아질수록 비용, 시간, 노력정도가 많이 들기 때문에 일반적으로 중요도가 있는 전략적 프로그램 또는 교육효과를 홍보할 필요가 있는 프로그램을 선정하여 ROI를 평가하는 것이 바람직하다(Philips, 2003).

(다) Stufflebeam의 CIPP모형: Stufflebeam(1983)은 교육분야에서 교육과정 평가를 향상시키기 위한 모델로 Context, Input, Process, Product의 앞글자만을 표현하여 CIPP모형을 제안했다. 사실 CIPP모형은 의사결정의 모델로 주로 활용되었다(Stokking, 1996). CIPP모형은 Kirkpatrick의 4단계 평가나 Philips의 ROI 평가와 같이 HRD 프로그램의 결과를 활용하는 평가접근과는 달리 과정과 결과를 모두 평가하는 전략이다. 즉 결과에 해당하는 산출(product) 평가뿐만 아니라 상황(context), 투입(input), 그리고 과정(process)까지를 평가하며 또한 각 단계 간의 인과관계에 의해 평가를 종합적으로 수행하는 특징이 있다.

■ 상황평가(context evaluation)는 HRD 프로그램을 계획할 것인지에 대한 결정단계의 평가이다. 조직의 전체적 상황과 환경적 여건을 파악하기 위하여 환경분석, 조직목표에 따른 조직 구성원의 현재 수행수준과 기대되는 수행수준 간의 차이를 진단하는 요구분석에 대한 평가가 이루어진다. 상황평가는 개발된 HRD 프로그램이 조직과 학습자의 요구에 얼마나 부합하고 조직적 지원이 잘 이루어질 수 있는가에 대한 정보를 제공해 준다(김진모, 2006).
■ 투입평가(input evaluation)는 상황평가 결과를 기초로 HRD 프로그램의 구체화를 위한 평가를 의미한다. 평가결과 긍정적이지 못할 것을 대비하여 대안적인 전략에 대한 정보도 제

공된다(송영수, 2008). 투입평가는 주로 학습자 역량, 교육훈련자원, 교육훈련전략, 교육훈련실천 계획을 평가한다(배을규, 2005). 류수민과 송영수(2012)는 투입평가에 교육내용 유효성, 전이설계, 학습자의 역량, 동기, 학습자 특성 등을 포함한다고 하였다.

- 과정평가(process evaluation)는 HRD 프로그램의 진행 과정 평가에 초점을 둔다. 교육훈련 과정상 발생할 수 있는 촉진요인이나 장애요인을 평가한다.
- 산출평가(product evaluation)는 교육훈련 목표달성 여부와 기대되지 않은 성과에 대한 평가를 의미한다. 이를 통해 HRD 프로그램을 지속할지 또는 종료할지를 판단하고 예산의 증가 또는 감축을 결정한다(류수민, 송영수, 2012). 또한 계획·실행된 HRD 프로그램에 대한 개선점을 제공해 준다.

HRD 프로그램을 평가하는데 있어서 CIPP모형은 체계적인 평가모델로 활용성이 높다(류수민 & 송영수, 2012; 송영수, 2008; 정재삼, 1998). 그러나 다음과 같은 한계점도 존재한다. 첫째, 상황, 투입, 과정, 산출 평가가 프로그램 개발 과정과 크게 다르지 않다. 즉 프로그램 개발 단계마다 핵심 포인트에 대한 분석이나 사정이 이루어지는데 이와 크게 다르지 않다는 것이다. 둘째, 각 단계마다 고려해야 할 평가요소들을 결정하는 데에도 어려움이 있다. 셋째, 몇몇 요인의 경우 상황요인과 투입요인의 구별이 실제 HRD 현장에서는 모호한 경우가 있다.

(라) Swanson과 Holton의 RAS 모형: Swanson과 Holton(2001)은 Results Assessment System모형을 제안하였다. 이 모형은 Kirtpatrick 등의 단계평가모형들에 대한 비판에서 출발하였고

HRD 프로그램의 주요 세 가지 결과인 성과, 학습, 그리고 인식 (perception)영역에서 아래와 같이 각각 두 개의 선택 사항을 평가하기 위해 시스템 이론에 근거한 평가과정을 제안하였다.

- 성과결과 평가: 시스템과 재정적 차원의 결과를 평가한다. 첫째, 시스템 결과평가의 경우 1장에서 설명한 '시스템으로서 조직(organization as a system)'을 다시 한 번 상기할 필요가 있다. '시스템으로서 조직'은 고객에게 상품과 서비스를 제공하기 위해 조직자체, 팀 또는 공정 프로세스, 그리고 개인으로 분석단위를 구성한다. Swanson과 Holton은 성과결과 평가란 고객에게 가치를 제공하는 상품과 서비스 형태의 조직 미션관련 결과물에 대한 평가를 의미하며 조직의 핵심결과물은 조직 자체, 공정프로세스, 팀, 개인들과 관련이 있다고 했다. 둘째, 재무적 차원의 성과결과 평가란 HRD 또는 기타 다른 인터벤션에 기인한 상품과 서비스의 결과단위를 돈과 같은 재무적 가치로 해석하고자 하는 노력을 의미한다.

- 학습결과 평가: 학습된 전문성과 지식을 평가하는 것으로 개인 수준의 평가를 의미한다. 즉 1장에서 설명한 시스템적 접근에서 '시스템으로서의 직무수행자 개인'을 기억해보자. 첫째, 전문성 평가는 특정 영역에서의 경험이나 학습을 통해 획득한 결과의 효율성과 효과성에 대해 업무 수행자의 행위를 평가한다. 즉 '시스템으로서의 직무수행자 개인'에서 output은 성과이며 성과는 개인의 행동으로부터 도출된다. Swanson과 Holton은 '시스템으로서의 직무수행자 개인'에서 process, 즉 직무수행자의 행위에 평가의 초점을 두었다. 둘째, 지식평가는 학습과 경험을 통해 획득된 지적 성취를 평가한다. 이는 '시스템으로서의 직무수행자 개인'에서 input요인

인 개인의 지식 부분에 대한 평가를 의미한다.

- 인식평가: 이해관계자나 참여자의 결과에 대한 인식을 평가한다. 첫째, 바람직한 결과나 그 결과를 성취하기 위한 수단에 높은 관심을 갖는 이해관계자나 조직의 리더에게 결과나 수단에 대한 인식을 평가한다. 둘째, 참여자의 인식평가란 시스템, 프로세스, 상품과 서비스에서 직접적인 경험을 갖고 있는 사람들로부터 결과에 인식평가를 의미한다. 결국 조직구성원, 협력사의 구성원 그리고 고객 등의 인식을 평가한다.

(마) 그 외 관심이 높아지고 있는 평가 전략들

논리주도평가(theory-driven evaluation): 논리주도평가는 프로그램 결과 중심 평가의 한계를 극복하기 위해 하나의 보완책으로 고려될 수 있는 평가 전략이다. 프로그램의 결과는 프로그램의 목표에 의해 결정되며 정확한 목표수립과 함께 프로그램이 적절하게 기획·실행되어야 예상된 프로그램의 결과를 얻을 수 있다. 이는 프로그램이 갖는 고유한 논리이며 이 논리에 기반을 둔 평가를 논리주도평가라고 한다. 박소연(2007b)에 따르면 기존 평가가 methodology 중심의 접근이었다면 논리주도평가는 프로그램의 목표와 산출 사이에 인과관계를 종합적으로 고려하여 상황중심적이고 시스템적 접근을 시도한 것으로 대안적 접근이다.

김한별(2013)에 따르면 프로그램은 설정된 목표를 달성하기 위해 프로그램과 직·간접적으로 연관 있는 각종 자원, 시설, 활동들의 기능과 운영이 포함되며 이들이 일련의 과정에 따라서 효과적으로 작동하는지를 평가하는 것으로 논리주도평가를 설명하였다. HRD에서 논리주도평가는 프로그램 운영과정과 결과에 대한 종합적이고 체계적인 정보를 수집하고 프로그램 자체의 논리, 즉 상황과 투입요소 및 절차 등 프로그램 개발 및 진행과정의 핵심포인트들을 근거로 하여 평가하기 때문에(박소연, 2007a; Russ-Eft & Preskill, 2001) HRD 프로세스와도 관련이 있는 평가 전략이다. 또한 프로그램이 종료된 시점에서 결과에 대한 정보를 넘어 프로그램 운영과 그에 관련된 요소들을 기준으로 결과의 발생 원인에 대한 정보를 제공한다는 점에서 주목할 필요가 있다. 박소연(2007b)은 논리주도평가에 대하여 다음과 같은 장점과 개선점이 있음을 밝혔다.

- 유용성 측면: 평가활동의 전체적 윤곽을 제시하고 프로그램의 성공과 실패 포인트를 확인할 수 있으며 실제 프로그램이 어떻게 작동하는지에 대한 상세한 정보를 얻을 수 있고 이해관계자의 기대사항을 미리 파악할 수 있다.
- 정확성 측면: 기존 평가전략이 결과에 대한 정보를 제공해 줄 수 있는 반면 논리기반평가전략은 프로그램의 과정과 결과에 대해 상세한 정보를 제공해 준다.
- 실행가능성 측면: 모든 프로그램 평가에 적용되기에는 시간·비용의 투자가 많아 현실적으로 어려움이 있다.

위와 같은 논리주도평가의 장점에도 불구하고 다음과 같은 점들은 생각해 볼 여지가 있다. 논리주도평가는 기존 평가체제의 대안이기 보다 보완제의 성격을 갖는다. 대안은 기존 평가전략의 단점들을 부각하여 전통적 평가접근보다 더 효율적이면서 효과적인 새로운 전략을 제안하는 것인데 논리주도평가는 기존 평가전략들에서 상대적으로 간과하고 있는 부분을 부각시킨 보완적 성격이 강하다. 또한 이미 HRD 프로그램 개발 과정 또는 HRD 프로세스의 각 단계마다 평가가 이루어져야 함을 강조하는 목소리는 계속 있어 왔다. 이에 대한 접근은 위 HRD 평가의 정의에서 이미 소개한 바 있다. 따라서 논리주도평가는 구체적 평가 전략이라기보다 하나의 접근이라고 볼 수 있다. HRD 평가자들이 프로그램 평가에 임하면서 결과뿐만 아니라 프로그램의 총제적인 측면들을 고려하자는 규범적 접근으로 생각할 수 있다.

Success Case Method(SCM): Brinkerhoff(2003)에 의해 개발된 SCM은 HRD 프로그램의 비즈니스 효과를 평가하기 위한 과정으로서 성과향상에 있어 HRD 프로그램이 갖는 정확한 실패 또는 성공 포인트를 밝히고 의사결정에 그 정보들이 활용될 수 있게 하는 평가 전략이다. 이를 통해 HRD 프로그램의 개선방향에 대한 정보를 얻을 수 있다. SCM은 무엇이 행해졌고, 무엇이 행해지지 않았으며, 어떤 가치 있는 결과가 나타났고, 가장 중요한 것은 앞으로 더 좋은 결과를 위해서 우리가 할 수 있는 일이 무엇인가를 이해하는데 도움을 준다(Brinkerhoff, 2005:90). 그러나 SCM은 다른 평가모델처럼 HRD 프로그램만의 효과를 규명하려고 하지 않는다. 즉 SCM은 보다 조직의 성과향상을 위한 포괄적 환경(예를 들면, 상사의 지원, 피드백, HR 시스템 등)을 포함하며 HRD 프로그램과의 연계성을 찾는다.

SCM은 주로 문헌분석, 사례연구, 스토리텔링, 인터뷰와 같은 질적연구방법을 활용한다. 양적연구방법의 평균이나 중간값 등이 평가에 활용될 경우 유용한 정보를 잃을 수 있기 때문이다. 예를 들면, 교육을 통해 최고의 성과를 보인 베스트 사례가 있는데 평균이나 중간값에 묻혀버릴 수 있다.

특히 스토리텔링은 SCM의 핵심이며 SCM의 주요한 산출물은 '스토리'이고 단순히 이야기 전개를 의미하는 것이 아닌 성공과 실패를 찾고 진실에 기초해서 문서화하는 작업을 의미한다(Brinkerhoff, 2003). 그러나 잠재적 성공 또는 실패 사례들(일반적으로는 작은 규모의 집단)을 찾기 위해서 교육참가자들의 인식이나 행동 측정을 위한 설문을 활용한다.

SCM은 기본적으로 다음과 같은 네 가지 질문을 활용한다(Brin-kerhoff, 2003:6-7).

- 실제로 일어난 일은 무엇인가?
- 어떤 결과가 프로그램으로부터 도출되었나?
- 그 결과의 가치는 무엇인가?
- 어떻게 프로그램이 개선될 수 있을까?

SCM은 HRD 프로그램이 만들어 낸 베스트 사례들을 의도적으로 보여주려 한다. 그러나 단순히 설명이나 묘사에 그치는 것이 아니라 결과에 따른 원인을 증명하고 입증하려는 것이다. 일반적으로 결과는 성과향상이며 원인은 HRD 프로그램들이 된다. 그러나 HRD 프로그램만의 효과를 규명하기 위해 노력하기보다 조직 전체의 시스템을 포함한다. 이를 통해 HRD 프로그램과 관련성을 찾으려 한다. 한편 HRD 프로그램이 긍정적인 성과를 내지 못한 사례들일 경우 방해요소를 규명해 낼 수 있다. 또한 성공요소와 방해요소를 비교함으로써 성과향상을 위한 HRD 프로그램의 적절한 전략을 도출해 낼 수도 있다.

Human
Resource
Development
Essence

Chapter 7

HRD 담당자의 역량[*]

최근 미래가치를 창출하는 원동력으로서 기업을 포함한 다양한 조직내 HRD의 중요성이 점점 강조되고 있다. 이는 과거 교육훈련 중심의 지원 역할을 수행하는 HRD에서 비즈니스 요구에 따른 경영전략과 연계된 역할을 수행하는 전략적 차원의 HRD로 변화하고 있기 때문이다. 결과적으로 조직내 성과향상을 위한 전략적 파트너로서 HRD 담당자의 직무와 역할은 더욱 복잡해지고 다원화되고 있다.

따라서 본 장에서는 HRD 담당자의 전문영역과 역할변화의 추이와 HRD 담당자들의 역량을 살펴보고 요구분석을 통해 우리나라 HRD 담당자의 역량 요구분석결과를 공유하고자 한다.

---

* 조대연, 권대봉, 정홍인(2012). 국내 HRD 담당자들에게 필요한 역량은 무엇인가: ASTD 역량모델 기반 요구분석을 중심으로. 기업교육연구, 14(1), 155-175를 수정·보안하였음.

1. HRD 담당자의 전문영역과 역할의 변화 추이를 이해하자

최근 HRD 담당자의 역할에 있어서 교육과정 개발 및 운영으로 대표되는 교육과 학습 전문가 이외에 다양한 역할이 강조되고 있다. 예를 들어 2004 ASTD 역량모델은 학습전략가, 비즈니스 파트너, 프로젝트 관리자, 성과전문가라는 HRD 담당자의 네 가지 역할과 역할 수행의 전문영역으로 아홉 가지를 제안하였다. 이는 HRD 담당자의 역할뿐만 아니라 조직내에서 HRD 활용영역에 대한 규정으로 그 의미하는 바가 크다.

HRD에서 수행공학의 접목 및 성장을 통해 수행공학 전문가, 학습수행 관리자, 성과컨설턴트, 비즈니스 파트너, 경영전략컨설턴트 등으로 역할이 다양화되고 있다(한준상, 김소영 & 김민영, 2008). 이진구(2011)역시 HRD 패러다임이 성과중심으로 이동하면서 HRD 조직의 역할도 활동중심에서 결과중심으로 변화하고 HRD 담당자의 역할 역시 성과 문제를 찾아 해결하는 수행공학가의 역할로 변화되고 있다고 주장하였다. HRD 담당자에게 요구되는 다양한 역할의 성공적 수행을 위해 최근 국내 연구들(예를 들면, 길대환 & 김진모, 2009; 김진모, 2005; 박제일, 2003; 배을규 & 김대영, 2007 등)은 HRD 담당자들에게 요구되는 다양한 전문영역과 역량을 제안하였다.

HRD 전문영역이란 HRD 담당자들이 전문성을 갖고 활동하는 영역을 의미한다. 계속된 경영환경의 변화 속에서 HRD 담당자는 어떤 영역에서 무슨 역할을 수행해야 하는가에 대한 답을 찾기 위해 미국산업교육협회(American Society for Training and Development: ASTD)는 McLagan(1989)의 주도로 HRD 실천모형을 제안하였다. McLagan의 실천모형에 따르면 HR영역은 크게 HRD와 HRM으로 구분되며 전통적으로 교육훈련, 조직개발, 경력개발은 HRD의 고유영역이고 점차 HRM의 영역이었던 조직 및 직무설계, HR기획, 선발과 배치, HR정보체계 등은 HRD와 밀접한 영역으로 설명하였다. 이는 HRD의 중요성이 강조되면서 HRD 담당자들이 전문성을 발휘할 수 있는 영역의 확대를 의미한다. 이후 ASTD는 기존 교육훈련의 정통성을 유지하면서 학습을 강조하고 HRD 영역의 확대 방향인 성과를 강조하기 위해 1999년 WLP(Workplace learning and performance)라는 용어를 사용하기 시작했다.

이와 같이 HRD 전문영역의 확대는 HRD 담당자의 역할 변화를 요구한다. 학습전문가, 운영자, 자문가의 역할을 제안한 Lippitt와 Nadler(1967)를 시작으로 오늘날까지 연구자들에 의해 HRD 담당자의 다양한 역할들이 제안되어 왔다. 그러나 대체적으로 1980년대까지는 교육훈련 및 학습전문가로서의 역할이 대세였다. 예를 들면, 학습경험설계자, 학습전문가, 학습컨설턴트, 강의설계자로서의 역할이 일반적이었다.

1990년대 후반 이후 학습이외에 다양한 솔루션을 개발하고 운영함으로써 성과향상에 직접적으로 기여할 수 있는 HRD 담당자의 역할이 강조되었다. 예를 들면, HR 전략전문가, HR 시스템 설계 및 개발자, 조직변화컨설턴트, 촉진자, 성과컨설턴트, 분석가, 솔루션전문가(intervention specialist), 변화관리자, 평가자 등이 교육훈련 및 학습전문가의 역할과 함께 강조되었다.

2000년대 들어 개인, 팀, 조직의 문제를 파악하고 해결하기 위하여 거시적이고 종합적인 영역들이 포함되었다(한준상 외, 2008). 이는 HRD의 기본 분석단위인 개인, 팀, 조직의 성과향상을 위한 전략들이 포함됨에 따라 HRD 담당자의 역할이 더욱 확대되었음을 의미한다.

이와 같은 HRD 담당자의 역할 확대를 강조한 연구들은 다음과 같은 공통점이 있다. 첫째, 학습 및 교육훈련을 넘어 HRD 담당자는 다양한 솔루션을 설계하고 실천한다. 둘째, 경영의 전략적 파트너로서 성과향상과 비즈니스 연계를 위해 노력한다. 셋째, 조직구성원 개인의 능력개발을 위한 노력에서 조직변화와 관리로 그 역할이 확대되었다.

그러나 현실적으로 HRD 담당자의 역할확대가 예상했던 것보다 크지 않다는 주장도 있다. HRD 담당자들이 대체로 전략적인 역할을 수행하기보다 조직구성원의 학습 및 교육훈련을 설계하고 진행하는 책임을 수행하는데 머물고 있다(Poell, Pluijmen & van der Krogt, 2003). Nijhof(2004) 역시 HRD 담당자의 역할변화는 실제로 크지 않으며 교육훈련을 전달하고 진행하는 전통적인 영역에 국한되어 있다고 주장하였다. 조직변화를 위한 실천이 HRD 담당자들의 핵심직무라는 것은 인정하지만 현실적으로 전통적인 전문영역에서 전통적인 역할을 수행하고 있는 것이다(Koornneef & Oostvogel, 2005).

2. HRD 담당자가 갖추어야 할 역량은?

전영욱과 김진모(2005:116)는 조직구성원의 능력뿐만 아니라 조직의 미션 및 전략을 달성하고 바람직한 기업문화를 창출하는데 요구되는 지식, 기술, 태도의 총체를 포함하는 능력으로 HRD 담당자의 역량을 정의하였다. Noe(2008)는 다양한 역할과 직무를 성공적으로 수행하기 위해 HRD 담당자들에게 요구되는 특별한 지식, 기술, 행동목록으로 HRD 담당자의 역량을 정의하였다. 결국 HRD 담당자의 역량은 HRD 담당자의 일과 관련된 지식, 기술, 태도가 통합되어 HRD 담당자로서 고성과를 낼 수 있는 파워이며 행동특성이라 할 수 있다.

1970년대 이후 HRD 전문영역의 확장과 역할의 확대로 HRD 담당자들이 성공적으로 관련 업무를 수행하는데 있어 필요한 역량 역시 변화하였다. 1990년대 중반 이후부터 많은 선행연구들은 HRD 담당자의 역량을 규명하기 위해 노력하였으나 국가마다 문화와 기업조직 문화의 다양성 및 HRD에 대한 철학적 관점의 차이로 연구마다 강조하는 바가 달랐다(Kuchinke, 2003; 배을규 & 김대영, 2007, p.64에서 재인용). 그러나 HRD라는 실천영역에서 기본적으로 HRD 담당자가 해야 할 역할이 있고 또 이를 위한 핵심 역량은 존재한다.

배을규와 김대영(2007)은 우리나라 기업의 HRD 담당자 역량 모델링을 통해 11개 역량을 다음과 같이 제안하였다: 다원적 사고방식, 의사소통, 매체 및 신테크놀리지의 활용, 수행 및 성과 관찰, 연구 과제 계획 및 실행, 요구분석 및 해결책 제시, 비즈니스 이해와 활용, 조직개발 이해와 활용, 그리고 HRD 프로그램 평가. 이들이 제안한 역량모델 특징은 HRD영역이 개인중심 교육훈련에서 조직과 구성원의 성과향상 및 변화로 옮겨짐에 따라 HRD 담당자들에게 학습과 변화뿐만 아니라 경영 및 사업에 대한 이해, 조직의 학습 및 변화 촉진·관리 등에 관한 역량이 추가되었다. 전영욱과 김진모(2005:134)의 연구에서 HRD 담당자의 12개 직무영역과 80개의 직무산출물을 도출하였으나 '조직에 대한 컨설팅' 부문 영역 6개 직무산출물을 제외하고 McLagan(1989)의 것과 유사함을 인정하였다.

그동안 국내 연구들은 외국에서 개발된 HRD 담당자의 역량모

표 3 ASTD 역량모델

역량군	역량	정의
비즈니스/ 관리	요구분석과 솔루션 제안	비즈니스 이슈, 고객요구, 문제, 그리고 기회를 규명하고 이해; 결과도출을 위해 다양한 자원(sources)으로부터 데이터를 비교분석; 적절한 솔루션을 개발하거나 적합한 액션 유형을 선택하기 위한 효율적인 접근 방법을 활용; 가능한 사실, 제한, 그리고 가능성 있는 결과에 부합하는 액션을 선택
	비즈니스에 대한 통찰력 발휘	조직의 비즈니스 모델과 재정목표 이해; WLP 솔루션에 투자를 위한 비즈니스 사례를 구축하기 위해 경제, 재정, 조직의 데이터를 활용
	결과지향	향상을 위한 기회확립하고 학습과 성과 해결책, 제대로 정립된 목표 설정; 진행 상황을 측정하고 노력들을 조직화; 목표달성과 예상 밖의 결과 창출을 도모
	전략적 사고	조직내 학습 및 성과에 영향을 주는 내·외부 요인 이해; 비즈니스에 가치를 더하기 위해 트렌드를 따르고 기회를 예측; 비즈니스 전략과의 연계와 학습과 성과 전략개발에 있어 시스템 관점으로 작동
	과업기획 및 실행	WLP 목표성취 여부를 확인하기 위해 액션플랜 개발, 자원 확보 및 적시에 주어진 임무를 완수
대인관계	신뢰구축	타인들에게 개인과 조직의 의도에 자신감을 줄 수 있도록 그들과 상호작용
	효과적인 커뮤니케이션	개인과 그룹내에서 설득력 있는 방법으로 자신의 사고, 감정, 개념을 명확·간결하게 표현; 상대방의 말에 적극적 경청; 청중의 집중을 끌 수 있는 방법 습득; 지원을 얻기 위한 목적지향적 의사소통전략을 개발·전개
	이해당사자에게 영향력 발휘	조직의 성과향상을 위한 방법으로서 학습 또는 권장된 해결책의 가치 세일즈; 개인, 팀, 조직 성과를 향상시킬 솔루션에 대한 몰입 획득
	다양성 활용	모든 개인의 능력, 통찰, 아이디어를 인정하고 실천토록 격려; 다양한 스타일, 능력, 동기, 그리고 배경(다양한 문화를 포함하여)을 가진 개인들과 효과적으로 업무수행
	네트워크 및 파트너 관계 구축	비즈니스 결과의 성취를 촉진할 수 있는 방법에 있어 WLP 전략을 실행하기 위해 내·외부 연락을 통하여 협력적인 관계의 네트워크를 구축하고 활용
개인	개인의 적응력 발휘	직무과업, 직무환경 또는 조직에 영향을 미치는 조건들(경제적, 정치적, 문화적 & 기술적)의 주요 변화를 경험할 때 효과성 유지; 즉, 새로운 사람, 사고, 접근

	개인의 적응력 발휘	방법에 대한 개방성 유지; 새로운 업무구조, 프로세스, 요구조건, 또는 문화에서 직무의 효과적 적응
개인	개인개발 모델링	자신의 개인학습을 위한 새로운 분야를 적극적으로 도출; 정기적으로 학습기회를 창출하고 이용; 새롭게 획득된 지식과 기술을 직무에 적용

출처: Bernthal, R. P. et al. (2004). The ASTD competency study: Mapping the future. Alexandria, VA: ASTD Press.

형에 대한 국내 적용가능성을 검증하는 수준에 그치고 있다는 비판이 있다(배을규 & 김대영, 2007; 전영욱 & 김진모, 2005). 그럼에도 불구하고 Bernthal 등(2004)이 제안한 ASTD 역량모델에 주목할 필요가 있다. 전영욱과 김진모(2005)의 지적대로 HRD 담당자의 역량에 대한 국내 연구의 주류는 McLagan(1989)이 제안한 모델을 주로 사용하였으나 20년이 지난 것으로 오늘날 HRD의 발전을 반영하기에는 한계가 있을 수밖에 없다. 또한 ASTD의 역량모델이 국내 연구결과와 비교했을 때 유사하다(송영수, 2009b). ASTD 역량모델은 많은 HRD 전문가들을 참여시켜 다양한 방법을 통해 제안되었으며 이후 2007년 Rothwell 등에 의해서도 재검증되었다(오헌석, 2009). 국내에서도 최근 ASTD의 역량모델이 지속적으로 관심의 대상이 되고 있다.

ASTD가 제안한 역량모델은 대인관계, 비즈니스/관리, 개인역량군으로 구성된다. 각 역량군별 역량들의 개념정의는 [표 3]과 같다. 또한 역량들은 구체적인 74개의 세부행동들로 구성된다.

3. 우리나라 HRD 담당자의 역량 요구분석 결과는?

최근 조대연, 권대봉과 정홍인(2012)은 HRD 담당자가 다양한 역할을 성공적으로 수행하기 위해 모든 역량을 갖추기는 어렵다고 보고 역량에 대한 요구분석을 통해 우선순위를 제안하였다. 요구분석 방법에 있어서도 기존 연구들이 HRD 담당자의 역량들에 대해 현재수준과 바람직한 수준에 대한 각각의 인식도 조사, 그에 따른 평균값 나열, 그리고 현재수준과 바람직한 수준의 평균에 대한 차이만을 제시하고 있다. 이와 같은 요구분석과 우선순위 제시방법은 합리적이고 체계적이라고 보기 어렵기 때문에(조대연, 2009b), 앞의 2장에서 언급한 우선순위 제시방안을 통해 요구분석 결과를 아래에서 공유하고자 한다.

조대연, 권대봉 그리고 정홍인(2012)은 최근 우리나라 재계 25위의 독립된 HRD 조직(연수원)에 소속된 HRD 담당자들을 대상으로 역량요구분석을 실시하였다. 역량관련 세부행동 측정은 Bernthal 외(2004)의 ASTD 역량연구에서 제시된 인간관계, 비즈니스/관리, 개인역량군에 포함된 12개 역량의 74개 세부행동들에 대해 Likert 5점 척도를 활용하여 현재상태와 중요도를 함께 측정함으로써 두 수준 간의 차이를 분석하였다. 12개 역량의 측정도구에 대한 신뢰도도 .850 이상으로 높았다.

그들의 연구결과 Borich 공식을 활용한 요구도 값과 그 우선순위 결과는 [표 4]와 같다. 그들의 연구에서 t 검정 결과 총 74개 HRD 담당자 역량관련 세부행동의 현재수준과 필요수준에서 모두 통계적으로 유의한 차이를 보였다. 즉 국내 HRD 담당자들이 현재 자신들의 행동 수준과 중요도 수준의 인식에 차이가 있는 것을 알 수 있다. Borich의 요구도 공식에 의해 HRD 담당자의 역량관련 세부행동에 대한 요구도를 계산하고 우선순위를 제시하였다. 1순위부터 10순위까지 높은 요구도를 보인 세부행동들은 다음과 같다.

1순위: 조직구조, 시스템, 기능 등의 조직 운영 이해
2순위: 조직의 전략 방향을 지원하는 HRD 전략 개발
3순위: 조직의 비전, 목표, 전략과 연계
4순위: 이해관계자의 관점(요구, 선호도, 반응 등)분석

5순위: 학습과 성과향상을 위한 다양한 대안 창출

6순위: 교육대상자의 정보수집

7순위: 문제해결을 위한 혁신적 · 도전적 해결방안 탐색

8순위: 자기주도학습을 통한 능력개발과 학습기회 창출

9순위: 조직내 · 외 HRD 고객과 긴밀한 네트워크 구축

10순위: 경영상의 요구에 따라 가치 있는 제안 창출

표 4 HRD 담당자 세부행동의 Borich 요구도 분석 결과

역량	세부행동	요구도	우선순위
요구 분석과 솔루션 제안	1. 교육대상자의 정보 수집	3.59	6
	2. 학습과 성과에 관한 문제 진단	2.63	27
	3. 학습과 성과 향상을 위한 다양한 대안 창출	3.67	5
	4. 문제해결 위한 혁신적·도전적인 해결방안 탐색	3.46	7
	5. 가능성, 위험성을 고려한 적절한 해결방안 선택	2.16	47
	6. 해결방안이 조직에 주는 영향력 인식	2.28	42
	7. 명확한 해결방안 제시와 설명	3.01	17
비즈니스에 대한 통찰력 발휘	8. 사업모델, 경쟁위치 등 조직의 비즈니스 이해	3.09	13
	9. 조직구조, 시스템, 기능 등 조직 운영 이해	5.13	1
	10. 재무제표 등 재무적 자료 해석 및 활용	0.97	71
	11. 신뢰성 확보를 위한 경영상의 용어 사용	0.76	72
	12. 경영의 우선순위 이해	1.92	50
	13. 경영상의 요구에 따라 가치 있는 제안 창출	3.26	10
	14. 학습과 성과 관련 경영 아젠다 도출	2.91	21
결과 지향	15. 조직의 경영 성과 개선에 초점	3.08	15
	16. 성과와 비즈니스 결과에 관한 목적과 목표 설정	2.49	31
	17. 결과 성취를 위한 자원과 노력의 효과적인 활용	2.97	20
	18. 조직의 전략 실행에 있어 장애를 파악하고 극복	3.05	16
	19. 결단력 있는 리더십 발휘	2.52	29
전략적 사고	20. 학습과 성과에 영향을 미치는 외부요인 이해	1.49	64
	21. 학습과 성과 향상을 위한 조직상황 이해	3.00	18
	22. 트렌드 인식과 예측에 따른 적절한 선택 제시	1.58	58

역량	세부행동	요구도	우선순위
	23. 조직의 비전, 목표, 전략과 연계	4.22	3
	24. 조직의 전략 방향을 지원하는 HRD 전략 개발	5.06	2
	25. 시스템 관점 활용	1.85	52
과업기획 및 실행	26. 프로젝트 성공의 요인 인식과 결과 예측	2.36	36
	27. 프로젝트 추진 계획 수립을 위한 Tool 활용	1.34	66
	28. 프로젝트 예산의 기획, 확보 및 관리	2.25	44
	29. 프로젝트 과업·자원의 배분을 결정	1.62	57
	30. 우발적인 상황에 대한 대처방안 수립	1.13	69
	31. 활용 가능한 자원의 활용	1.55	62
	32. 추진 일정 및 시간을 적절하게 배분, 관리	1.84	54
	33. 정해진 기간에 프로젝트 완수와 절차의 점검	0.25	74
신뢰 구축	34. 윤리적 기준에 따라 정직하게 행동	2.89	23
	35. HRD 정책에 대한 입장과 견해를 직원과 공유	1.33	67
	36. 이해관계자의 비밀을 유지하고 신뢰를 구축	1.57	60
	37. 조직의 가치를 전파하는 역할 모델 실천	1.85	53
	38. 편견을 갖지 않고 모든 사람을 공정하게 대함	0.54	73
	39. 법적, 윤리적, 사내 규정에 따른 업무 수행	2.98	19
효과적인 커뮤니 케이션	40. 효과적인 의사소통 전략 개발	2.33	38
	41. 주제의 핵심과 관련된 메시지의 명확한 전달	2.36	35
	42. 효과적인 억양, 제스처, 매체 활용 스킬	1.57	59
	43. 상대방의 이해촉진을 위한 메시지 수정 및 전달	1.63	56
	44. 타인의 이야기를 경청하고 정확하게 이해	2.19	46
	45. 적절한 질문, 피드백 교환으로 적극적 대화 유도	1.56	61
	46. 명확한 의사소통을 위한 문서작성 능력	2.45	33
	47. 온·오프라인 등 다양한 의사소통 방법 습득	1.86	51
이해당사자 에게 영향력발휘	48. 이해관계자의 관점(요구, 선호도, 반응 등) 분석	4.09	4
	49. 이해관계자를 대상으로 마케팅 전략 수립	2.26	43
	50. 이해관계자에게 HRD 솔루션의 높은 가치를 설명	1.78	55
	51. 이해관계자의 협력과 지원 구축	2.08	48
	52. HRD 솔루션이 실행되도록 Commitment 확보	2.00	49

역량	세부행동	요구도	우선순위
다양성활용	53. 다른 관점, 가치관에 대한 다양성 인정과 존중	2.64	26
	54. 고정관념 벗어나 다양성(이문화 이해) 인식 확대	2.23	45
	55. 다양한 학습 스타일·선호도 수용을 위한 담당자의 행동과 HRD 솔루션 제시	2.45	32
	56. 다양성(이문화, 인종, 성) 존중과 현장 실천 노력	2.29	40
	57. 다양성 촉진을 통한 성과 극대화	2.50	30
	58. 글로벌 이문화에 대한 다양성과 차이 수용, 존중	1.24	68
네트워크 및 파트너 관계 구축	59. 조직내·외 HRD 고객과 긴밀한 네트워크 구축	3.36	9
	60. 벤치마킹을 통한 베스트 프랙티스 공유	2.65	25
	61. 조직목표 달성을 위한 파트너와 공통 목표 수립	2.38	34
	62. 협력적인 파트너 관계 발전, 유지	2.90	22
	63. 내·외부 고객들과 새로운 협력 가능성 형성	1.49	65
개인의 적응력 발휘	64. 주위 환경의 변화 이해를 위한 정보 수집, 분석	2.57	28
	65. 긍정적 사고와 행동으로 변화에 접근	2.29	41
	66. 다른 생각과 접근에 대한 open mind 유지	3.08	14
	67. 업무 환경 변화에 효과적인 적응	2.67	24
	68. 변화와 도전에 적응하기 위한 HRD 솔루션의 효과적 운영	2.34	37
개인 개발 모델링	69. 자기주도 학습을 통한 능력개발과 학습기회 창출	3.38	8
	70. 지속적인 학습활동 참여	3.12	12
	71. 학습에 있어 불편하고 친숙하지 않은 상황 감수	1.54	63
	72. 학습기회 극대화	2.32	39
	73. 새로운 지식과 기술을 업무에 적극 활용	3.13	11
	74. 지속적 학습을 통해 전문지식 유지	1.10	70

HRD 담당자의 역량을 The Locus for Focus 모델을 활용하여 우선순위를 분석한 결과 중요수준에 대한 인식이 높고, 불일치 수준이 높은 분면인 1사분면에 포함되는 세부행동은 총 28개로 나타났다(2장 [그림 10] 참조). 조대연(2009b)의 제안처럼 The Locus for Focus 모델과 Borich의 요구도 분석을 활용하여 중복성을 확인한 결과 최우

표 5 HRD 담당자의 역량별 요구분석 결과

역량군	역량	세부행동 총 개수	최우선순위에 포함된 개수(%)	
비즈니스/관리	요구분석과 솔루션 제안	7	5	(71.4%)
	비즈니스에 대한 통찰력 발휘	7	4	(57.1%)
	결과지향	5	0	5개 모두 차순위군에 포함됨
	전략적 사고	6	3	(50.0%)
	과업기획 및 실행	8	0	
대인관계	신뢰구축	6	2	(33.3%)
	효과적인 커뮤니케이션	8	0	
	이해당사자에게 영향력 발휘	5	1	(16.7%)
	다양성 활용	6	0	
	네트워크 및 파트너 관계 구축	5	3	(60.0%)
개인	개인의 적응력 발휘	5	2	(20.0%)
	개인개발 모델링	6	3	(50.0%)
총		74	23	(31.08%)

선순위 세부행동은 총 23개로 나타났고 이들이 속한 역량을 분석해 보면 [표 5]와 같다.

결과적으로 최우선순위군에 포함된 세부행동의 비율을 분석해 볼 때, 요구분석과 솔루션 제안 역량이 가장 높은 요구를 보였으며, 네트워크 및 파트너 관계 구축, 비즈니스에 대한 통찰력 발휘, 전략적 사고, 개인개발 모델링 순이었다. 이와 같은 결과가 의미하는 바를 좀 더 설명하면 다음과 같다.

첫째, **요구분석과 솔루션 제안 역량**: HRD 담당자로서 개인, 팀, 조직차원의 현재 상태와 바람직한 미래 상태에 대한 정확한 진단과 그 gap을 확인하고 원인을 분석하여 그에 따른 적절한 해결방안을 제시할 수 있는 역량이 필요하다. 이를 위해 본 책에서 계속 강조한 바 있는 시스템적 접근이 HRD 담당자들에게 유용한 툴이 된다. 또한 시스템적 접근에 기초하여 HRD 프로세스, '시스템으로서 조직, 팀, 그리고 개인'의 올바른 이해가 선행되어야 한다. 그리고 솔루션 제안을 위해 전통적 HRD 프로그램들에 대한 이해 및 개발 능력과 함께 다른 학문영역으로부터 활용할 수 있는 프로그램들에도 관심을 가질 필요가 있다.

둘째, **네트워크 및 파트너 관계 구축**: 조직을 하나의 시스템으로 볼 때 조직내에는 다양한 하위 시스템(sub-system)들로 구성되어 있다. 또한 하위 시스템은 또 다른 다양한 하위-하위 시스템(sub-sub-system)들로 구성된다. 조직내 다양한 level의 시스템들은 서로 독자적인 기능을 갖고 있지만 동시에 조직이라는 더 큰 시스템의 유지와 발전을 위해 상호 유기적인 관계를 형성한다. HRD도 다양한 하위(또는 하위-하위)시스템 중 하나이며 HRD 혼자서 충분히 그 기능을 발휘하기는 불가능하다. 따라서 조직내·외부와 협력적 파트너 관계를 통해 긴밀한 네트워크 구축이 필요하며 HRD 담당자들이 이와 같은 역량을 갖출 수 있도록 노력해야 한다.

셋째, **비즈니스에 대한 통찰력 발휘**: 비즈니스의 전략적 파트너로서 HRD! 단순히 구호에만 그치는 것이 아니라 전략적 HRD의 강조 그리고 HRD 담당자의 역할변화 및 전문영역의 확대 방향이 결국 조직의 비즈니스 모델에 전동적으로 기여할 수 있는 HRD를 강조하고 있다. 이를 위해 HRD 담당자는 조직의 사업과 직접적으로 연계된 비즈니스 민감성을 높일 필요가 있으며 국내·외 경제동향과 비즈니스 관련 다양한 정보를 수집하고 분석력을 바탕으로 통찰력을 높여 HRD 솔루션의 방향과 투자를 이끌어 내야 한다.

넷째, **전략적 사고**: 전략적 사고는 systemic 접근을 기초로 한다. 즉 systemic 접근은 어떤 상황을 바라보는 방법(a way of viewing)이며 생각하는 방식(a way of thinking)을 의미한다. 일부만을 보고 생각하는 것이 아니라 전체와 그 내·외부 요인들을 보고 생각하여 이해하는 능력을 의미한다. 즉 현재 우리 조직이 갖고 있는 강점과 약점을 파악하고 환경적인 위협요인과 기회요인을 전체적으로 파악하여 우리 조직이 비즈니스 차원에서 나아갈 방향을 예측하고 이에 기여할 수 있는 HRD 전략을 개발해야 한다. 이를 위해 우리는 2장에서 전략적 기획을 설명하였고 이는 전략적 사고를 위한 tool로서 활용할 수 있다.

다섯째, **개인개발 모델링**: HRD 담당자의 전문성을 발휘할 수 있는 영역이 점차 확대되고 있음을 여러 차례 강조한 바 있다. 결국 HRD의 성공은 HRD 담당자의 전문성과 질을 넘을 수 없기에 HRD 담당자는 도전정신을 갖고 자신을 성장시키기 위한 학습기회를 적극적으로 창출하고 꾸준히 참여해야 한다. 이를 통해 학습된 역량은 자신의 직무에 전이될 수 있도록 노력해야 한다.

Human
Resource
Development
Essence

부록 1

일과 학습 통합시대의
HRD와 담당자의 역할*

오늘날 정보통신혁명을 통한 기술의 변화는 가정생활, 일터의 노동과 여가생활에 걸친 모든 측면에서 대변화를 주도하고 있다. 이와 같은 변화의 속도는 테크놀로지 혁명이 정보 흐름의 주기를 단축시킴으로써 더욱 가속화되고 있다. 정보 흐름의 단축에 따른 정보의 홍수시대에 정보를 단순히 공급받는 수동적 자세에서 탈피하여 정보를 선택하고 새로운 지식을 생산하여 정보를 제공하는 자세로 전환될 것이 요구된다. 따라서 일터의 학습자가 지식을 생산할 수 있도록 교육을 통해 도와주어야 하는 것이 일터 교육가인 HRD 담당자의 책무가 되었다. 이러한 책무를 원활히 수행하기 위해서는 HRD 담당자에게도 고도의 전문성이 요구된다. 본 장은 개인차원에서 일과 학습 통합과 사회차원에서 노동과 교육 통합시대에 HRD의 중요성을 분석한 뒤에, HRD 담당자의 전문성을 논의한다. HRD 전문가로 진화한 일터교육가의 전문성은 사회공헌가로서의 전문성, 지식창조가로서의 전문성, 업무전문가로서의 전문성으로 나누어 설명하고자 한다.

---

* 이 장은 권대봉 교수가 2002년 5월 24일 한국평생교육학회에서 발표한 기조강연을 수정하여 평생교육학 연구 2002년 7월 제8권 1~20쪽에 게재하였던 "일과 학습 통합시대의 평생교육 전문성 탐구"의 내용을 인적자원개발 관점에서 수정한 것임.

1. 일과 학습 통합시대의 HRD

공자(孔子)가 설파하였던 학이시습지불역열호(學而時習之不亦說乎)는 학습이 인간의 세 가지 즐거움 중의 하나임을 강조하고 있다. 오늘날 평생학습시대에서 '학습'의 의미는 단지 학교라는 한정된 상황에서 정해진 교과과정을 습득하는 것만을 의미하지는 않는다. 개인차원에서 일과 학습이 통합되고, 사회차원에서 교육과 노동이 통합되는 시대의 일터교육으로 진화한 HRD의 모습은 다음과 같다.

개인차원에서 일과 학습의 통합: 많은 평생학습 활동들이 제도교육의 차원을 넘어서 가정, 학교, 지역사회, 일터, 그리고 사이버마당(권대봉, 2001)의 무형식 학습을 포괄하는 방향으로 전개되고 있다. 이러한 현상은 지식기반사회의 도래와 더불어 더욱 가속화되고 있는데, 특히 최근의 경향은 국제기구들, 예컨대 경제협력개발기구(OECD)와 세계은행 등의 활동 속에서 이러한 '보이지 않는 학습'에 대한 관심과 지원이 활발하게 전개되고 있다(OECD, 1996). 또한 학습조직에 대한 연구와 관련하여 학습의 새로운 측면에 대한 발굴작업이 조직이론과 HRD분야에서 활발하게 전개되고 있다(Senge, et. al., 1994).

'학습'은 새로운 지식, 사고방식, 규범, 기능, 감성 등을 습득하는 의도적 활동을 의미한다. 교육에 관한 지배적인 생각은 기본적으로 '교수자가 가르친다'에 있다. 그러나 학습활동이란 '앞선 학습자(교수자)'에 의해 촉진될 수는 있지만, 학습자 자신의 적극적 활동에 의하여 학습이 이루어지는 것이지, 교사가 가르친다고 학습이 이루어지는 것은 아니다. 즉 교육은 학습을 선도하는 활동이며, 교육은 학습자의 학습뿐만 아니라 학습자가 필요로 하는 인성발달, 사회화, 네트워킹 등 다른 것을 제공하고 있다.

이러한 학습은 한 인간이 교수자를 포함한 환경과의 상호작용에서 이루어진다. 사람들은 자신을 둘러싼 환경과 상호작용함으로써 새로운 지식과, 규범, 사고방식, 기능 등을 학습하게 된다. 이는 어느 일순간, 정해진 정규 교육기간 동안에만 일어나는 활동이 아니다. 새로운 상황에 처하게 될 때 인간은 새로운 학습이 필요하며, 살아 있는 동안에는 끊임없이 일어나는 과정인 것이다. 즉, 학습은 생활이며, 이는 인간이 생존하기 위해 끊임없이 일하는 과정에서의 핵심적인 활동이다.

학습자는 그를 둘러싼 환경과 능동적이고 주도적으로 상호작용함으로써 자신에게 필요한 지식을 생산해 나간다. 이러한 지식은 독창적이고 자신의 경험에 대한 비판적 반성을 통한 것이다. 이를 '지식창조학습'이라고 한다. 지식창조학습은 교과학습과 경험학습의 순환적 학습을 의미한다. 지식이 부의 원천이 되고 HRD 전문가가 학습자들로 하여금 지식을 스스로 창조할 수 있도록 도와주려면 HRD 전문가 스스로가 자기학습을 통하여 지식을 창조할 수 있어야 한다.

Kolb(1984)의 경험학습 사이클은 우선 경험과 개념이라는 두 가지 대립적 지식의 존재양태를 대비시킨다. 그는 경험의 구체성이 개념의 추상성으로 바뀌고, 보다 풍부한 경험의 구체성으로 다시 되돌아오는 과정을 경험의 성장이라고 보았다. 이러한 순환을 가능하게 해주는 것은 경험이 개념화되는 과정에서의 반성적 성찰과 개념이 경험으로 복원되는 과정에서의 실천적 실험이다. 이러한 과정을 보다 조직적인 차원에서 설명한 것이 Nonaka와 Takeuchi(1995)의 지식창조이론이다. Kolb가 지적한 경험이 개념화되는 과정을 Nonaka는 개인 수준에서뿐만 아니라 조직차원에서도 그 과정이 일어나며, 그것은 지식의 존재양식에 따라 공동화 또는 결합화의 과정으로 나타난다고 설명하였다. 지식창조학습이란 개념적 분리를 다시 하나로 통합하는 과정을 의미한다. 그리고 이 과정은 타인의 도움을 받기보다 스스로의 지식과 아이디어를 결합하고, 통합하고 구성해 냄으로써 가능하다. 즉, 학습자 스스로 자신의 인지 구조를 재통합하고 새로운 이해를 구성해내는 것을 통해서만 이루어질 수 있다고 보는 것이다. Nonaka의 지식경영에 있어서 지식 생산, 공유, 저장, 소비과정을 공동화, 표출화, 연결화, 그리고 내면화로 요약한 바 있는데, 이것을 한숭희(2000)는 지식을 창조하는 신지식인 활동의 핵심으로 파악하였다. 신지식인은 기존지식을 학습하는 것 이외에 본인이 경험을 통하여 새로운 지식을 창조해내는 사람으로 이해되는데, HRD 담당자도 기존 지식 이외에 새로운 지식을 창조할 수 있는 전문성이 요구된다.

지식기반사회의 지식창조자로 성장하기 위해서는 개인의 '학습력'이 보다 강조되어지며, 이는 개인적 차원의 학습뿐만 아니라 그가 속한 조직의 차원에서 일어나는 것이기도 하다. 이는 정해진 학습의 과정 혹은 기간에만 일어나는 활동이 아니며, 일하면서 혹은 여가를 즐기면서, 모든 삶의 각각의 면면에서 일어나는 것이라고 할 수 있기 때문에 일과 학습의 통합시대가 열리고 있다.

한편 인간은 전인적으로 통합되어야 인격적 가치를 지닌 인간으로 존재가치를 발휘할 수 있다. 즉, 인간은 신체적, 지적, 정서적, 윤리적 통합이 달성되어야 비로소 인간인 것이다. 이러한 인간의 모습이 분업화가 극대화된 산업사회를 거치면서 그 삶의 각 영역이 분할되어 왔다. 따라서 사람들은 생활의 각 영역을 효율성의 원리에 따른 고도로 전문화되고 분업화된 각 부문으로 분절시켜 왔다. 예컨대, 배움은 학교라는 곳에서, 생계는 일터라는 곳에서, 종교는 종교기관으로 분절되어 왔다. 학교에서도 모든 교과는 교과별로 구분되어 가르쳐진다.

　　그러나 오늘날 사회의 각 부문들 간 상호의존도가 심화되는 특징을 보이고 있다. 이러한 사회에서는 분절화된 인간상보다는 전인적인 인간상을 추구하게 된다. 따라서 교육은 평생동안 이러한 인간의 측면이 발달하도록 도와주어야 한다. 참된 삶이란 인격의 완성을 위한 끊임없는 의지적인 노력의 과정이며, 이런 노력은 요람에서 무덤에 이르기까지 계속된다. 인간의 조화적 발전의 조성이란 인간성 안에 내재하고 있는 여러 소질을 조화롭게 발전시키는 일이라고 페스탈로찌는 갈파하고 있다(김정환, 강선보, 1998). 즉, 각 개인이 전인적인 인간으로서 자신의 능력을 개발시켜 나가고 이를 평생에 걸쳐서 지속시켜 나가도록 하기 위해서는 통합적인 교육 체제가 제공되어야 하는 것이다.

　　마찬가지로 평생학습에 대한 관심의 부각은 물론 급격하게 변화하는 사회에 대한 생존의 원칙이 될 수도 있겠지만, 이와 함께 중요한 것은 한 인간이 그의 전인성을 개발시키기 위해서 요람에서부터 무덤에 이르기까지 학습을 해야 한다는 필요성에 의한 것이기도 하다. 더욱이 개인의 직업적 경력은 그의 생애를 구성하는 핵심이 된다. 경력은 한 개인이 일을 통해 거쳐 가는 길을 의미하며, 인간주의적 관점에서 볼 때 경력은 개인의 성장기회를 제공하는 개인의 생애구조의 한 요소인 것이다(김홍국, 2000).

　　따라서 한 개인이 그의 삶을 성장시키며, 전인적인 삶을 살고, 이를 통해 그의 삶의 질을 향상시키도록 한다면, 지금까지의 분절된 교육제도에서 통합된 교육제도가 마련되어야 할 것이다. 이는 학교에서 직업교육뿐만이 아니라 취업 후에도 지속적으로 요구되는 직장계속훈련 형태의 인적자원개발과 지역사회 교육과정이 각각 분절적으로 이루어지기보다는 한 개인의 삶의 통합성과 전인성을 증진시켜주는 방향으로 전개될 필요가 있기 때문이다.

사회차원에서 노동과 교육의 통합: 구조기능주의론적 관점에 의하면 사회의 각 부분들은 전체 사회의 유지와 발전을 위해 서로 협력하며 기능하도록 구성되어 있다고 본다. 사회의 각 부분들은 상호 유기적으로 연계되어 있으므로 한 부분에 문제가 발생하면 다른 부문에 영향을 미친다. 물론 이러한 구조기능론의 관점은 사회의 구조적인 갈등 현상에 대한 설명력이 떨어진다는 점에서 갈등론자들에 의해 많은 비판을 받아왔다. 갈등론자들의 입장에서 보았을 때, 구조기능론자들의 주장은 기본적으로 사회의 각 부분이 전체를 위해 협력하여야 한다는 당위적인 규범을 나타낸다고 여기고 있다. 그럼에도 불구하고 1980년대 말부터 신구조기능론자들의 주장이 등장하였고, 이는 사회 전체의 유지와 발전을 위해서 또한 그로 인하여 각 부분의 생존과 발전이 보장되기 위해서는 사회의 각 부분이 통합적으로 기능해야 함을 핵심으로 하고 있다.

이러한 관점을 사회에서 교육과 노동 부문에 적용시켜볼 수 있다. 전체 사회와 국가의 발전을 위해서는 이 두 부문 간의 긴밀한 협력이 필요하다. 즉, 교육 부문에서는 노동시장에 필요한 양질의 인력을 양성하여 배출시킨다. 이러한 협력체계의 관계는 명확히 일치하는 것은 아니다. 교육의 장기적 효과로 인해 노동시장에서 필요한 인력의 수급에 대한 명확한 예측이 어렵기 때문이며, 한편으로는 교육의 목적이 능력을 개발하여 직업을 얻을 목적으로만 일어나는 행위가 아니기 때문이다.

그럼에도 불구하고 사회의 급속한 변화는 교육과 직업세계의 협력을 더욱 공고히 할 필요성을 더해주고 있다. 이를 '지식기반사회'의 관점에서 설명할 수 있다. '지식기반사회'는 '지식'의 가치가 더욱 커지는 사회이다. 과거에는 투입된 노동과 자본량에 의해서 생산량이 결정되었으나, 앞으로는 지식과 기술이 중요한 몫을 차지한다. 동일한 노동이라도 지식이 포함된 노동은 생산성이 월등히 높고, 기계장비도 새로운 지식이나 기술이 추가되면 낡은 방식의 기계에 비해 산출량이 높아질 수밖에 없다. 이제 지식은 생산성과 경쟁력을 결정하는 중요한 요인이 되었다. 지식을 성공적으로 창출하고 지속적으로 활용함으로써 성장하는 경제를 '지식기반경제'라고 한다.

지식자산의 가장 큰 특징은 다른 물적자원과는 달리 함께 공유할수록 가치가 커진다는 점이다(김재식 외, 1998). 두 사람이 지식을 서로 교환하면 그들의 지식은 배로 늘어난다. 지식을 공유하는 사람의 수가 늘어나면 늘어날수록 개개인이 활용할 수 있는 지식의 양은 급격하게 증가한다. 따라서 지식기반사회에서 국가 경제를 발전시키려면 지식과 기술을 공유하고 확산시키는 문화가 정착되도록 관련제도와 정책의 정비가 이루어져야 할 것이다. 국가 전체적으로 지식의 획득, 창출, 확산, 이용에 있어서 효과적인 체제를 갖추기 위한 노력을 기울여야 할 것이다. 이러한 노력에는 지식활동의 주체가 되는 대학, 공공연구기관, 기업뿐만 아니라, 혁신활동에 영향을 미치는 산업재산권 보호제도, 금융제도, 정부의 무역정책, 산업정책, 교육정책, 노동정책 등과 사회문화까지도 포함되어야 할 것이다. 결국, 이 문제는 교육과 산업계 간의 협력을 촉구하는 것을 의미한다.

한국사회의 모든 담론 중 가장 빈번히 등장하고 있는 주제인 국제경쟁력을 강화하기 위한 논의의 핵심은 국가 전체가 지식기반사회에서 지식의 획득, 창출, 확산, 이용에 있어서 효과적인 체제를 갖추기 위한 노력을 기울여야 한다. 지식의 획득, 창출, 확산, 이용의 과정은 기본적으로 '학습'을 전제로 한다. 또한 이 학습의 영역은 기존의 산업사회에서처럼 정규교육과정을 학생들에게 가르치는 학교에만 한정되어진 것이 아니라 지식을 생산하는 사회의 모든 영역을 의미한다.

예컨대, 한 국가내에서 대학, 공공연구기관, 기업 등 지식활동의 주체들은 외부 선진국으로부터 새로운 지식을 배워옴으로써 지식의 획득이 이루어질 수 있다. 또한 이들 지식 생산의 주체들, 곧 지식을 기반으로 이윤을 추구할 수 있는 기관들이 얼마나 새로운 지식을 창출하느냐 하는 것 역시 지식기반 사회에서 국가경쟁력의 원동력이 되는 것이다. 기업들은 외부로부터 지식을 습득하는 능력을 키울 필요가 있다. 조직의 학습과 인적자본 개발을 촉진하기 위해, 그리고 새로 도입된 기술과 경영 방침에 쉽게 적응하는 유연성을 기르기 위해 인센티브 체제와 관리방법을 고안해내어야 한다. 그런 의미에서 네트워킹과 숙련기술, 연구개발, 교육훈련이 중요한 몫을 차지한다(김재식 외, 1998). 대학은 교육과 기초연구를 통해 인력양성과 지식창출 기능을 수행하고 있으며, 공공연구기관은 주로 응용연구를 통해 미래기술이나 공공기술을 개발하고 있다. 기업은 국제경쟁력 있는 제품과 서비스를 개발하기 위해 연구개발비를 투자하는 등 새로운 지식창출에 노력하고 있다.

지식이 확산되고 공유되기 위해서는 새롭게 창출된 지식을 필요로 하는 사회의 다른 부분에 효과적으로 확산시키는 것이 중요하다. 한 개인이 창출한 지식은 그가 속한 조직내에 효과적으로 확산되어 조직 전체가 그 지식을 공유할 수 있어야 하고, 나아가 국가내의 다른 조직에게까지 확산되어 그 국가의 지식이 되어야 국제경쟁력을 제고할 수 있게 된다.

지식기반사회에서는 숙련 근로자에 대한 수요가 점차 증대한다. 이는 급격하게 진보하는 지식 및 기술의 증대로 인해 이전에 활용하였던 기술을 보다 향상시켜야 하기 때문이다. 이는 교육훈련을 통해 근로자들의 지식 및 기술을 향상시켜야 함을 의미한다. 단지 학교에서 배운 한정된 지식과 기술만 가지고는 짧아지는 지식수명에 대응하여 평생동안의 교육과 훈련이 필요하다는 사실뿐만 아니라 교육훈련이 사업주와 근로자 양쪽 모두에게 이익을 가져다 준다는 점을 감안할 때, 교육기관, 기업, 국가의 당면 과제는 근로자에게 효과적인 교육훈련의 환경을 제공해야 한다는 것을 알 수 있다. 특히, 사업주, 근로자, 교육기관 그리고 정부 간의 효율적인 파트너쉽은 기업과 근로자들이 그들의 훈련 투자를 저해하고 있는 문제점을 극복하도록 도울 수 있으며 그리하여 직업능력개발로 기대되는 이익을 극대화할 수 있다.

　　실제로 1999년도에 미국의 상무부, 교육부, 노동부, 국립문해교육원, 중소기업경영원에 의해 준비된 "21st Century Skills for 21st Century Jobs"(한국직업능력개발원 역) 자료에 의하면, 경제환경의 변화, 노동시장의 변화, 노동시장에서 요구되는 직업능력의 변화를 언급하면서 점차 노동시장에서는 높은 직업능력이 요구됨을 예측하고 있다. 즉, 기존에 있던 직업에서는 구조조정과 신기술 도입으로 인해 사업장의 56%가 근로자의 숙련에 대한 요구가 증가했음을 언급하였으며, 새로운 직업(기술 관련 분야)이 크게 증가하면서 추가적인 교육과 훈련이 요구되고, 빠르게 성장하는 직업일수록 더 많은 교육훈련을 필요로 한다는 것이다.

　　굳이 '인간자본론(Schulz, 1961)'을 거론하지 않더라도 이러한 주장에는 교육훈련이 인간의 생산적인 능력을 개발시키고 이것이 실제 가시적인 생산성 향상에 기여한다는 가정에 근거하는 것이다. 이 보고서에서도 교육훈련 투자는 사업주 및 근로자 모두에 이익을 가져온다고 한다. 즉, 교육은 생산성을 증대시킨다고 본다. 근로자의 입장에서도 수준 높은 교육을 받는 것은 사업주에게 보다 능력 있는 근로자로 인식되어지며, 이는 높은 임금을 의미한다. 교육이 각 근로자의 자기개발을 촉진시킴으로써 자기만족감, 자아실현의 기회를 향상시키는 것은 두말할 나위도 없다. 교육과 노동의 통합은 사회의 한 부분에만 영향을 미치는 것이 아니라 여러 부문에 영향을 미칠 것이며, 따라서 보다 효과적인 일터에서의 평생교육을 통해 개인, 기업, 국가가 이익을 얻을 수 있다.

2. HRD 담당자의 전문성

전문가로서 HRD 담당자는 전문성을 인정받아야 한다. HRD 전문가가 획득해야 할 전문성은 어떤 것이 있는지 살펴보자. Drucker(2001)는 전문가의 조건으로 첫째, 사회적 공헌을 설정하고 실천해야 하며; 둘째, 지식을 통하여 가치 창출을 해야 하고; 셋째, 목표를 달성할 수 있는 능력을 갖추어야 한다고 주장하였다. 목표를 달성할 수 있는 능력에는 커뮤니케이션 능력, 리더십, 시간관리 등 일반적인 관리 능력이 포함된다. 권대봉(1997)은 정보산업 시대에 전문인에게 공통적으로 요구되는 자질은 전문인으로서 고도의 윤리의식과 존재가치, 휴먼웨어, 그리고 엑스퍼트 파워(expert power)라고 보았다. 엑스퍼트 파워는 전문가로서 가지는 힘이며, 포지션 파워(position power)는 자리가 주는 힘이다. HRD 전문가의 엑스퍼트 파워를 분석가로서의 전문성, 개발가로서의 전문성, 리더로서의 전문성으로 구분(권대봉, 1996)할 수 있다. 이를 종합하면 HRD 전문가의 전문성은 첫째, 사회공헌가로서의 전문성; 둘째, 지식창조자로서의 전문성; 셋째, 분석·개발·리딩(leading)의 엑스퍼트 파워를 보유한 업무전문가로서의 전문성이다. 사회적으로 공헌하기 위해서는 고도의 윤리의식을 가지고 HRD 전문가로서 존재가치를 발휘하여야 하며, 엑스퍼트 파워를 발휘하기 위해서는 휴먼웨어(humanware)를 갖추는 것이 필수적이다. 휴먼웨어란 하드웨어와 소프트웨어를 개발하고 사용할 수 있는 사람의 역량을 일컫는다.

사회공헌가로서의 전문성: 군사력이 과거 농경사회에서 권력의 핵심이었던 것에 비해 산업사회에서는 경제력으로 권력의 중심이 이동하였고, 지식 사회가 되면 정보·지식·기술력 등이 권력의 핵심이 될 것이라고 전망한 것(Toffler & Toffler, 1995)은 오늘날 사실로 나타나고 있다. 권력의 격변은 전적으로 새로운 부의 창출체제에 연유한다. 즉, 데이터, 아이디어, 상징체계의 즉시적인 전달과 보급에 의존하는 새로운 체제가 낡은 공장굴뚝 체제와 충돌하면서 권력의 원천이 폭력, 부, 지식의 급진적인 변화를 야기한다는 것이다. 따라서 권력의 본질 자체가 변화하며 그 궁극적인 수단으로서 지식의 역할이 증대하는 것이다. 따라서 지식을 다루는 것이 본업인 HRD 담당자들은 지식권력 패러다임 전환의 창조적 주체자로서 사회에 공헌해야 하는 책무를 피할 수 없게 되었다.
　　정보기술, 생명공학, 신소재공학 등 새로운 산업분야의 인력에 대한 수요가 급증하고 있다. 디지털격차(digital divide)로 인한 인력수급 불균형문제는 이제 한국뿐만 아니라 세계적으로 HRD의 과제가 되었다. 지금 세계는 사회·경제 분야를 위시하여 모든 분야가 급속하게 변화하고 있다. 이러한 사회는 지식정보화사회, 첨단기술화사회, 세계화 등으로 특징지어지고 있고, 이로 인하여 전반적인 영역에서의 사회의 의식 또한 급격한 변화를 창출하고 있는 것으로 보인다. 미래사회로의 변화는 생활양식, 가치체계에 있어서 일대 전환을 의미하고 있다. 지식정보사회로의 이행은 마치 농업사회로부터 산업사회로의 전환만큼 깊고 큰 구조변화(Naisbitt, 1994)라는

점에서 단순한 세기적 전환이 아닌 문명사적 대전환의 의미를 지닌
다. 이런 의미에서 볼 때 HRD 전문가들은 새로운 문명을 만들어나
가는 변화창조자로서 사회적 공헌을 해야 할 소임을 갖고 있다.

HRD 전문가가 신문명을 창조해나가는 지식권력 패러다임 전
환의 주역으로 등장한 배경은 세계화, 정보화, 과학기술의 발달로
인한 일의 형태와 일의 기회 그리고 일의 내용 변화, 지식의 생산과
활용이 조직의 생산성이나 가치창출에 미치는 영향, 지식의 폭발적
인 증가로 특징지어지는 지식기반사회의 태동 덕분이다. Bell(1976)
은 후기 산업사회를 지식기반사회라고 기술하였으나 그 당시에는
큰 반응을 얻지 못하였다. 일반적으로 '지식기반사회'란 공통목표
를 합의에 의해 도달하게 하고, 경제적 발전을 이룩하게 하며, 개인
의 사회적 행위와 사회에서의 지위 확보 등에 필요한 조건으로서
지식이 점점 핵심적 요소가 되어 가는 사회를 말한다(이무근, 1999).
최근 지식관련용어의 개념이 경제성 위주로 설정되었다는 비판이
제기되고 있으나, 위의 정의에서 알 수 있듯이 지식은 경제 발전뿐
만 아니라, 개인과 지역사회, 그리고 국가발전의 공헌에도 핵심적인
역할을 수행하는 것이 요구되고 있다.

지식창조가로서의 전문성: Naisbitt(1984)는 지식 자체가 21세
기의 주요한 산업이 되고 경제발전에 필수적이며 중심적인 생산자
원을 공급하는 산업이 된다고 전망하였는데, 21세기 초엽인 오늘날
현실로 나타나고 있다. 이때 새로운 의미의 지식은 실용성으로서의
지식이며, 사회적 지위와 경제적 성과를 얻을 수 있는 수단으로서의
지식이다. 또한 결과를 생산하기 위해 기존의 지식을 어떻게 잘 적
용할 것인가를 결정하기 위해 지식을 공급하는 것이 경영(Drucker,
1993)의 의미로 이해되었다.

현재는 기존 지식은 물론 새로운 지식을 생산하는데 관심이 쏠

리고 있기 때문에 HRD 전문가들은 기존 지식의 전달을 통해 학습자들이 활용을 할 수 있도록 도와주는 것에서 책무가 끝나는 것이 아니라, 학습자들이 새로운 지식을 창출할 수 있도록 도와주는 책무까지 인식하여야 한다. 더욱이 토지·노동·자본이 생산의 3요소라는 종래의 공식은 이제 구식이 되어가고 있으며, 지식·정보가 세계경제와 생활양식에 있어서 가장 중요한 동인으로 등장하여 지식을 생산하고 생산된 지식을 공유하는 지식경영시스템이 회사경영의 중요한 시스템으로 자리매김되고 있다. 한국의 경우, 지식경영을 통해 경영흑자를 달성한 기업들의 지식경영시스템에 대한 타 기업들의 벤치마킹 학습열기가 뜨겁다. 이러한 지식경영을 통한 경영학습을 주도하는 부서가 기업내 교육부서(삼성생명, 2001)이기 때문에 지식창조자로서 HRD 전문가들의 전문성이 요구되고 있다.

새로운 지식과 정보가 권력과 부의 원천이 되고 천연자원이나 자본, 노동력보다는 정보와 지식의 양과 질이 사회발전의 원동력이 되는 지식기반사회의 도래에 따라 세계 각국은 지적 자산의 개발과 확보를 둘러싸고 세계시장에서 무한경쟁의 성격을 띤 정보전쟁을 펼치고 있다. 따라서 지식과 정보는 이제 개인과 국가경쟁력의 핵심요소이자 가치창출의 원천이 되고 있으며 근로자들은 지식창조자로 거듭나야 한다. 근로자들이 지식창조자가 될 수 있도록 도와주려면 HRD 전문가가 먼저 지식창조가로서 전문성을 발휘해야 한다.

업무전문가로서 전문성: 업무전문가로서의 전문성은 분석·개발·리딩(leading)의 전문성이다. 첫째, 분석가로서의 전문성에 대하여 알아보자. 구자경(1992)의 회고록에 의하면 어떤 회사에서 세탁기를 처음 만들어 시장에 내놓았을 때 불티나게 팔렸다. 그 이유는 이제까지 손빨래를 하던 주부들이 세탁기계를 이용해서 빨래를 손쉽게 할 수 있었기 때문이었다. 세탁기가 잘 팔리게 되자 다른 여러 회사에서도 세탁기를 만들어 팔기 시작하였고 처음 세탁기를 만들었던 회사의 제품은 점점 팔리지 않게 되었다. 그 회사에서는 세계에서 가장 좋은 세탁기를 만들기 위해 미국, 일본 등 외국회사에서 만들어 내는 세탁기의 기능에 대해 조사하였고, 그것을 참고로 여러 가지 기능이 있는 세탁기를 시장에 다시 내놓았지만 역시 잘 팔리지 않았다. 회사에서는 어떤 이유로 세탁기가 잘 팔리지 않는지 연구하기 시작하였고, 연구 결과 이제까지 세탁기를 설계함에 있어서 세탁기를 사용하는 소비자의 요구를 확인하지 않고 책상 위에서만 '사용자들의 요구는 이렇겠지', '일본이나 미국회사의 세탁기는 이런 식으로 만드는구나', '그렇다면 이런 세탁기가 잘 팔리겠구나' 하고 제품을 설계한 것이 결정적인 잘못으로 지적되었다. 결국 그 회사는 세탁기 사용자들을 직접 찾아다니면서 조사하였는데 주부들은 '귀사의 세탁기는 너무 복잡해서 못쓰겠다'고 반응하였다. 즉 빨래를 하는 것이 한번 집어넣으면 다 되어 나와야 하는데 세탁과정에 여러 기능을 작동시켜야 하므로 불편하다는 반응이었다. 이렇게 고객들의 요구를 조사하고 분석하여 그 결과를 그 다음 세탁기 제작, 설계에 반영하였다. 그리하여 한번 빨래를 넣으면 탈수까지 되어 나오는 전자동 세탁기를 만들어 시장에 내 놓았더니 처음처럼 불티나게 팔렸다고 한다.

같은 맥락에서 HRD의 현상을 보자. 여러 기관의 HRD 전문가들은 책상머리에서 '이런 교육대상자들은 이런 과목이 필요하겠지' 하고 책상 위에서 교육요구를 분석하고 있는 경우가 있다. 그렇게 되면 그 교육이 그 사람들에게 정작 필요한지 아닌지 모르는 상태에서 교육이 실시되기 때문에 책상 위에서 만든 세탁기나 다를 바가 없는 것이다. 교육은 가장 필요한 사람이 가장 필요한 교육을 가장 필요한 때에 교육목적에 맞는 방법으로 받을 때 비로소 교육의 효과가 나타난다. 그렇지 않을 경우 교육비와 교육시간만 낭비될

뿐이다. 따라서 HRD 전문가는 교육요구를 분석하는 분석가로서의 전문성을 구비하여야 한다.

　한편 교육계획을 수립하거나 교육을 실시하는 중, 또는 교육을 실시하고 난 뒤 사전평가, 교육중 평가, 사후평가를 실시하게 되는데 현재까지 일터교육에서의 평가란 교육이 끝난 후에 강사가 강의를 잘했느냐하는 반응평가를 의미하였다. HRD 전문가들은 교육생들의 교육반응을 평가해야 할 뿐만 아니라 좀 더 분석적인 입장에서 학습된 지식과 정보를 평가하고 나아가 변화된 행동과 태도가 무엇인지 평가할 것이 요구된다. 그리고 교육제공자의 입장에서 교육에 투자된 시간과 금액에 비하여 얼마나 경제적 효과와 경제외적 효과가 있었는지 분석 평가할 필요가 있다. 경제적 효과와 경제외적 효과는 교육을 받는 개인차원, 교육을 제공하는 조직차원, 그리고 사회적 차원에서 평가가 이루어져야 한다. 이러한 평가를 제대로 수행하기 위해서는 분석가로서의 전문성을 확보할 필요가 있다.

　둘째, 개발가로서의 전문성에 대하여 알아보자. 개인개발과 조직개발 그리고 경력개발을 진행함에 있어서 두 가지 중요한 개발업무가 있는데 그것은 프로그램개발과 교재개발이다. 프로그램을 개발하기 위해서는 먼저 교육체계를 개발해야 한다. 교육프로그램 개발 시 고려해야 할 것은 교육은 누구를 대상으로, 언제, 어느 장소에서 제공할 것인가 하는 것이다. 프로그램은 교육생들이 같은 시간에 한 장소에서 모여서 하는 집합교육, 같은 장소에 모이지 않더라도 각자가 학습할 수 있도록 원격으로 지도하는 사이버교육, 그리고 스스로 과제를 선택하여 자기개발을 도모할 수 있도록 도와주는 자기 주도적 프로그램 등 교육목적과 여건에 따라서 다양하게 개발될 수 있다.

　집합교육의 경우도 강의실에서 강의를 해야하는 경우, 현장을 방문해서 견학해야 하는 경우, 토론을 하는 경우, 실습을 하는 경우,

역할연기를 하는 경우 등 여러 가지 교수학습방법을 이용하여 교육이 진행될 수 있다. 이때마다 사용되는 교재를 개발하여야 한다. 교재개발은 반드시 그 분야의 전문가의 도움을 받거나 공동으로 개발하여야 한다. 따라서 HRD 전문가는 프로그램개발과 교재개발을 할 수 있는 개발전문가로서의 전문성이 요구된다. 특히 정보화시대의 도래와 더불어 컴퓨터를 활용한 사이버 교수학습방법을 활용할 수 있도록 도구과목에 대한 공부를 철저히 할 필요가 있다. 예를 들면, 일본의 노무라 증권의 경우 한 해 동안 각 부분에서 가장 실적이 좋은 사람들을 뽑아서 그 사람들이 가지고 있는 지식과 정보와 업무기법을 교육하기 위해서 프로그램을 개발한다. 이때 뽑힌 사람들은 업무의 전문가이지만 교육의 전문가가 아니기 때문에 교육전문요원과 함께 프로그램을 개발하고 교재를 개발한다. 이때 교육전문가로서의 역할은 업무전문가가 가진 실무경험을 학습자들로 하여금 공유할 수 있도록 프로그램을 설계하고 프로그램의 목적을 달성할 수 있는 교재개발을 지도하는 것이다. 이러한 역량을 갖추지 못한다면 교육전문가로서의 입지가 흔들리게 된다. 업무전문가는 교육전문가의 도움을 받아 프로그램과 교재개발을 하고 강사로서의 훈련을 받은 뒤 일정기간 강사로 활동한 다음 업무에 복귀하게 된다. HRD 전문가들은 개발자로서의 전문성을 확보하여야 업무전문가를 리드할 수 있다.

셋째, 리더로서의 전문성에 대하여 알아보자. HRD 전문가는 리더로서의 자질을 갖추어야 한다. 원래 교육(敎育)의 의미를 한자로 풀면 교(敎)란 어른이 아이를 막대기를 들고 이끌다라는 뜻이고 육(育)은 어머니가 가슴에 아이를 안고 젖을 먹이며 '기르다'는 뜻에서 유래했다. 교육을 순수한 우리말로 표현하면 '가르치다'이다. '가르치다'는 '갈다'와 '치다'의 합성어인데 '갈다'에는 논과 밭을 갈려면 소가 앞에서 이끌어야 하므로 이끌다라는 뜻이 있다. '치다'

에는 벌을 '치다', 돼지를 '치다'에서 보는 바와 같이 기르다라는 뜻이 있다. 교육을 영어로는 'Pedagogy(아동교육)'와 'Andragogy(성인교육)'라고 한다. 'Pedagogy'란 말은 희랍어에서 온 말로 '아이를 이끈다'는 뜻이고 'Andragogy'는 '어른을 이끈다'는 것이다. 또 다른 용어로 교육을 'Education'이라고도 하는데 이는 잠재력을 키워준다는 희랍어에서 온 말로 우리말의 '기르다'에 해당된다. 이렇게 봤을 때 우리말이나 한자, 영어, 희랍어 모두 교육이란 남을 이끄는 일 즉, 사람을 올바르게 이끄는 일을 의미함을 알 수 있다.

일터 교육은 일터에서 일터시민을 올바르게 이끄는 일이다. 이렇게 올바로 이끄는 것이 일터 교육의 역할이기 때문에 일터에서 교육을 담당하는 HRD 전문가에게는 리더로서의 전문성이 필요하다. 리더로서의 자질은 크게 네 가지로 나눌 수 있다. 조력자, 강의자, 상담자, 관리자로서의 역할이 그것이다. 조력자란 교육대상자인 학습자가 학습을 통해 스스로 변화할 수 있도록 도와주는 역할이다. 강의자란 어떤 주제에 대해 전문성을 가지고 지식과 정보, 혹은 기술을 전수할 수 있는 사람이다. 상담자란 교육대상자가 교육에 관한 것은 물론 개인생활이나 가정생활 혹은 직장생활에 대한 상담을 요청할 때 이에 응하여 그 사람이 지닌 문제해결을 상담을 통해 도와주는 사람이다. 관리자란 일터교육을 운영함에 있어서 필요한 제반 인적자원, 물적자원, 재정자원을 관리할 수 있는 사람이다. 이런 네 가지 일을 수행하기 위해서 무엇보다 필요한 것은 리더십이다. 그리고 리더십을 제대로 발휘하기 위해서는 일터교육에 대한 확고한 교육철학이 정립되어 있어야 한다. 그러므로 HRD 전문가는 항상 본인이 왜 일하고 있는지 그 존재가치를 인식하고 그 가치구현을 위해 힘써야 한다.

이상으로 분석가로서의 전문성, 개발자로서의 전문성, 리더로서의 전문성에 대해서 알아보았다. 규모가 큰 기관은 각 분야가 특성화되어 있어 각자 요구분석과 교육평가, 프로그램개발, 교재개발, 조력자, 강의자, 상담자, 관리자 등의 역할이 세분되어 있지만 규모가 작은 곳에서는 한두 명이 이 일을 모두 담당해야 하는 경우가 있다. 따라서 소규모 기관에 근무하는 HRD 전문가들은 혼자서 모든 일을 처리하려 하지말고 외부전문기관에 아웃소싱(outsourcing)을 하여 전문가들의 도움을 받도록 해야 한다. 정보화와 국제화시대의 인적자원개발전문가는 스스로 먼저 정보화되고 국제화되어야 교육생들에게 신뢰를 줄 수 있다. 따라서 HRD 전문가들은 평생학습자로서 꾸준히 자기개발 노력을 경주해야 한다.

3. 맺는 말

일과 학습의 통합시대에 HRD 현상을 연구하는 인적자원개발학의 배타적 전문성이 확보되려면 대학과 대학원에서 인적자원개발학과나 전공이 독립되어야 하지만, 나무만 보고 숲을 보지 못하는 어리석음을 피할 수 있도록 교육현상 전체 상황을 보고 HRD를 연구하여야 인적자원개발학의 전문성을 확보할 수 있다. 산업구조의 패러다임이 바뀌고 있는 문명사적 변환시대에 지식권력패러다임 변환의 주역으로서 거듭나기 위해서 HRD 전문가들에게는 사회공헌가, 지식창조자, 개발·분석·리딩의 엑스퍼트를 발휘하는 업무전문가로서 전문성을 발휘할 것이 요청된다.

한 개인의 평생학습은 개인적인 삶의 질 측면에서뿐만 아니라 사회적·국가적 인적자원 측면에서도 중요한 부분을 차지한다. 현대 사회에서의 평생학습은 그 종류에서부터 직무의 내용에 이르기까지 매우 다양하고 그 수준도 다르며, 지속적으로 변화의 과정을 밟고 있다. 이러한 변화 상황하에서 시민들은 자신의 일과 여가의 생활을 유지하기 위해 평생동안 배우면서 일하지 않으면 온전한 삶과 일을 유지할 수 없다. 이러한 평생학습을 지속적으로 제공하기 위해서는 HRD 전문가가 나름대로의 사회적 공헌 목표를 설정하고 실천해야 한다.

한편 HRD 전문가에게는 기존 지식 전달자의 위치를 뛰어 넘어 지식창조자로서 학습자를 거듭나게 만드는 창조자로서의 책무가 부과되고 있다. 근대사회에서 인쇄술의 발명 등과 같은 정보화의 진전이란 지식과 정보가 시·공간적인 제약을 뛰어넘을 수 없는 성격을 가졌으나, 오늘날 정보통신혁명에 의해 일어나고 있는 정보화는 시·공간적 제약을 초월하는 성격으로 전환된다. 이에 따라 이전보다 훨씬 더 많은 양과 많은 종류의 정보가 폭증하게 되고, 끊임없이 변화하는 정보의 속성에 의해 새로운 지식과 기술에 대해 학습하고 정보의 의미를 객관적으로 이해하며 정보의 생성에 주체적으로 참여할 수 있는 능력이 모든 개인에게 평생에 걸쳐 요구된다. 정보화사회의 개인과 조직에는 정보가 권력의 원천이 되므로 정보의 신속한 습득·처리·이용능력이 요구되고, 끊임없이 변화하는 정보의 가변성에 적응하기 위해 평생학습이 요구되며, HRD 전문가에게는 적합한 지식을 가공·처리·분배할 수 있는 능력뿐만 아니라 지식을 생산하는 능력이 요구된다. 그러므로 HRD 전문가가 지식창조자가 되기 위해서는 학습하는 방법을 학습하는 자기교육력이나 자기주도학습능력 등을 제고할 필요가 있다. HRD 전문가들은 평생동안 학습하며 다른 학습자들을 개발하는 위치에 있다.

HRD 전문가가 고유의 업무를 수행하기 위해서는 힘(power)이 필요하다. 힘은 두 가지로 구분할 수 있다. 평생교육사, 석사, 박사라는 자격증과 컨설턴트, 강사, 교수라는 지위 때문에 갖는 힘인 포지션 파워(position power)와 HRD 전문가로서 전문성을 발휘하는 덕분에 갖는 힘인 엑스퍼트 파워(expert power)가 있다. HRD 전문가들은 전문가로서 자기 스스로를 계발시키지 않는 한 성공을 기대할 수 없을 뿐만 아니라 치열한 생존경쟁에서 낙오하기 쉬운 것이 디지털 시대의 직업환경이다. 특히 전문가는 엑스퍼트 파워를 가지고 남을 이끌어야하는 위치에 있다. 이끌어야 할 위치에 있는 사람이 제대로 이끌지 못한다면 그 사람은 더 이상 전문가가 될 수 없다. 전문가로서 다른 사람들을 이끌려면 이끌고 나아갈 방향을 제시할 능력이 있어야 하고 그 방향으로 사람들을 이끌고 갈 수 있는 자질이 필요하게 되며, 바로 이런 능력과 자질을 구비하는 것이 엑스퍼트 파워이다. HRD 전문가들이 엑스퍼트 파워를 보유하기 위해서 학습자들이 지식을 생산할 수 있도록 도와주어야 할 뿐만 아니라 평생학습을 통해서 자기를 계발하여야 한다. 과거에는 엑스퍼트 파워 없이 포지션 파워만 있는 HRD 전문가들도 그럭저럭 생존할 수 있었지만, 디지털 시대에는 엑스퍼트 파워를 구사하는 전문성을 발휘해야 생존할 수 있는 세상이 되었다.

Human
Resource
Development
Essence

성인학습이론에 익숙한
HRD 담당자

HRD 담당자에게 성인학습현상과 이를 설명하는 성인학습이론들에 대한 이해는 중요한 의미를 갖는다. 본 책이 시스템적 관점에서 HRD를 강조하지만 HRD 담당자가 성인학습현상과 성인학습이론들을 충분히 이해했을 때 전통적·기본적 HRD 담당자 역할인 workplace learning 전문가가 될 수 있기 때문이다. 사실 우리나라의 경우 성인교육이나 성인학습보다 평생교육과 평생학습이 더 익숙한 용어이다. 그러나 평생교육과 평생학습은 UNESCO와 OECD에서 출발하여 국가 정책적 용어 또는 학습사회구축을 위한 이데올로기로 볼 수 있기에 학문영역(academic field of study)의 이름으로는 성인교육과 성인학습이 역사적으로 볼 때 더 적합하다.

HRD와 성인교육의 가장 큰 구별은 관심 분석 단위와 추구하는 목적에 있다. HRD는 기본적으로 개인, 팀 그리고 조직에 관심이 있으나 성인교육은 개인과 지역사회를 분석의 단위로 본다. 또한 목적에 있어서도 차이가 있다. HRD는 조직의 성과향상과 개인의 직·간접적 직무관련 성취에 목적이 있으나 성인교육은 개인의 행복과 well-being 그리고 지역사회의 통합 및 발전에 목적을 둔다. 그럼에도 불구하고 HRD와 성인교육은 매우 가까운 인접학문으로서 상호보완적 관계를 통해 서로의 발전에 기여하고 있다.

최근 현영섭, 박혜영 그리고 이성엽(2012)은 성인교육관련 국내 학술지 8종의 게재논문들을 대상으로 저자 동시 인용 자료를 활용하여 주요 연구주제를 분석한 결과 성인교육담당자의 역량이나 전문성 또는 역할, 학습사회, 성인학습정책, 프로그램 분석, 성인문해 등이 활발하게 연구되고 있는 주제이며 네트워크, 학습소외계층, 성인교육 역할론, 프로그램 평가와 학습전이 등이 새롭게 부상하고 있는 주제라고 하였다. 그러나 성인교육 연구자와 실천가가 답을 찾고자 하는 핵심적 질문은 '어떻게 성인들을 잘 가르칠까'와 '성인들이 어떻게 잘 학습할까'이다. 전통적으로 일터에서 성인들인 조직구성원들의 학습을 촉진하고 이들이 공식적으로 학습할 수 있는 교육훈련 프로그램을 주로 개발·진행하는 HRD 담당자에게 성인학습자와 성인학습이론들에 대한 이해는 필수적이다. 따라서 본 장에서는 일터에서 성인인 조직구성원들의 학습과 학습중심 HRD 패러다임에 기여할 수 있는 성인학습이론들을 간략히 소개하고자 한다.

1. 전통적 성인학습이론

성인학습이론은 초·중등 학생의 학습과 구별되는 학습현상을 설명하기 위한 것이었다. 전통적으로 안드라고지, 자기주도학습, 그리고 전환학습이 대표적인 성인학습이론들이다. 이들 이론들은 성인학습의 중요한 그리고 기본적인 모델이면서 동시에 중심축으로서 역할을 수행한다(Merriam, 2001).

- **안드라고지**: 유럽에서 사용하던 안드라고지는 Knowles(1970)에 의해 북미대륙에 소개되면서 보편화·체계화되었다. 기존 페다고지로 대표되는 아동교육과 다른 철학 및 교수-학습방법이 필요하다고 보고 안드라고지를 제안하였다. 페다고지는 '아동의 학습을 도와주는 예술과 과학(the art and science of helping children learn)'으로 정의하고 안드라고지는

'성인의 학습을 도와주는 예술과 과학(the art and science of helping adults learn)'으로 정의하는 것만 보아도 이분법적 구분의 노력을 짐작할 수 있다. 안드라고지에서 강조하는 기본 가정인 성인학습자의 특징(Knowles, Holton, & Swanson, 2012)을 간략히 소개하면 다음과 같다.

첫째, 성인은 성장하면서 점차 자기주도적으로 변화한다. 이 가정에 기초하여 자기주도학습이 발전하였다.

둘째, 성인의 경험은 중요한 학습자원이다. 성인학습에서 경험은 학습의 출발이며 경험들의 연계를 통해 새로운 경험과 학습기회를 창출한다. 또한 다른 사람과의 경험공유는 성인학습의 유용한 툴이기도 하다.

셋째, 성인의 발단단계는 주로 사회적 역할에 따라 달라지고 사회적 역할이 변화하는 시기에 성인은 학습을 필요로 한다. 아동은 생리적·정신적 성숙을 발달로 보지만 성인은 사회적 역할(일터를 예로 들면, 신입사원, 대리, 과장 등의 역할변화를 발달단계로 볼 수 있다)변화를 발달로 본다. 즉 역할변화 시기에 과업이 달라지며 이를 성공적으로 수행하기 위해 필요한 내용을 학습하는 것이 효과적이다.

넷째, 성인은 미래보다는 현재를, 추상적인 것보다 현실의 문제해결을 위한 학습을 선호한다. 성인학습은 학습자가 현재 삶 속에서 직면해 있는 현실적인 문제와 관심사에 초점을 두고 학습내용을 즉각적으로 활용하고자 한다.

다섯째, 성인은 외재적 동기보다 내재적 동기에 의해 더욱 학습에 참여하는 경향이 있다. 즉 성인의 학습동기는 외부에 있기보다 내부에 존재하며 이를 지속시킬 수 있도록 성인교육자는 노력해야 한다.

이와 같은 안드라고지의 기본 가정들은 HRD 담당자에게 의미 있는 정보를 제공해 주는 것이 사실이지만 그에 대한 비판도 만만치 않다. 예를 들면, 성인은 내재적 동기에 의해 더욱 학습에 참여하는 경향이 있다고 하는데 HRD 현장에서 스티커, 캔디 등의 작은 선물을 통해 학습자의 참여를 유도하는 것을 보면 그 비판을 어느 정도 이해할 수 있을 것이다. 그럼에도 불구하고 안드라고지의 기본 가정들은 HRD 담당자들에게 성인학습자의 일반적 특징과 함께 적합한 학습방법, 그리고 전달방법 등에 대한 함의를 제공해 준다.

■ **자기주도학습**: HRD의 3대 구성요소 중 하나인 개인개발 전략으로 많이 활용되어 왔다. Jacobs(2000)의 구분에 의하면 자기주도학습은 개인개발 전략 중 교육훈련의 접근법에 따른 분류 가운데 하나로서 HRD의 전략으로 자리매김하였다고 볼 수 있다. 자기주도학습에 대한 자세한 설명은 4장의 개인개발을 참고하기 바란다.

■ **전환학습**: 전통적 성인학습이론인 안드라고지나 자기주도학습이 1980년대와 1990년대를 거치면서 많은 비판에 직면한 결과 상대적으로 1990년대에 전환학습이 많은 관심을 받았다. 특히 1978년에 Mezirow가 최초로 제안한 전환학습은 비판적 사고가 중심에 있기 때문에 아동보다는 성인에게 적합한 학습이론이었다. 전환학습이란 삶의 경험을 통해 형성된 자신의 의미해석 체계 즉, 가치관이나 세계관이 새로운 경험을 통해 변화하는 과정을 의미한다. Mezirow(1991)는 '경험 → 비판적 사고 → 합리적 대화'를 경험학습과정으로 보았다. 학습자가 새로운 경험을 하게 되면 그 경험에 대한 비판적 사고를 통해 의미를 해석하게 되고 자신의 의미해석에 대한 정당성 또는 타당성을 확보하기 위해 자신의 입장에서 타인과 대화를 진행한다. 이런 과정을 통해 새로운 또는 변화

된 자신의 의미체계를 형성하게 된다. 한편 Boyd(1991)는 전환학습의 과정 중 Mezirow가 가장 강조했던 비판적 사고 없이도 전환학습이 발생할 수 있다고 주장하였다. 즉 심벌이나 이미지 등에 의해서 학습자가 의식하지 못하는 사이 학습자의 의미해석 체계가 변화할 수 있다는 것이다.

2000년대 전환학습에 대한 연구가 폭발적으로 증가하였고 다양한 다른 접근들(예를 들면, 뇌생명공학, 문화–영적(cultural–spiritual), 인종중심 등)이 전환학습과 접목되었다. 즉 Mezirow의 이론적 틀을 기반으로 다양한 관점에서 전환학습을 이해하고 촉진할 수 있는 학습방법들이 연구·실천되고 있다(Taylor, 2008).

그렇다면 전환학습의 원리를 HRD에는 어떻게 활용할 수 있을까? 예를 들면, 조직구성원이 새로운 시각과 가치관을 정립할 필요가 있을 때 전환학습이론을 기반으로 한 프로그램 개발은 매우 유용한 접근이 될 수 있다. 최근 기업에서 핵심가치를 정립하고 전파하려는 노력을 하고 있다. 물론 핵심가치는 과거 긍정적 경험들로부터 도출될 수 있지만 이를 내면화하기 위한 전파활동은 구성원들에게 새로운 경험이다. 이런 새로운 경험이 학습화되어 핵심가치가 공유되고자 할 때 비판적 사고와 합리적 대화를 매개로 한 기회 제공은 HRD 담당자들에게 유용한 아이디어를 제공한다.

2. 성인학습을 위한 비전통적 다양한 관점들

비전통적 다양한 관점들이란 복잡한 성인학습현상의 이해를 돕기 위해 다른 학문영역들에서 도입된 관점들을 의미한다. 일부는 이미 성인학습현상을 설명하는데 중심적 역할을 하고 있으며 또 다른 일부는 점점 성인학습 현상을 이해하는데 그 역할을 확대하고 있기도 하다.

- **의식과 뇌 관련 학습**: Boucouvalas(1993)는 개인의 한계를 초월하는 내적인 의식(internal consciousness)을 통한 학습을 강조하였다. 이후 성인의 학습과정에서 '의식'의 역할을 연구하다보니 뇌(Brain)관련 이슈가 포함되었다. Hill(2001)은 뇌 관련 지식들이 어떻게 학습, 기억, 감성, 마인드, 그리고 인식에 연결될 수 있는지 설명하였다. 뇌의 엄청난 유연성, 삶을 통한 학습에 반응할 수 있는 뇌의 능력, 뇌 작용을 통한 감성과 감각경험은 성인의 학습에 기여할 수 있으며 의식은 개인 경험에 통합되어 학습으로 연결될 수 있는 점 등을 강조하였다. Taylor와 Lamoreaux(2008)는 경험, 반성(reflection), 요약화(abstraction), 그리고 검증이라는 일련의 과정을 거치면서 신경과학에 기반을 둔 성인학습을 설명하였다. 또한 성인교육자들에게 뇌 개발을 통해 학습을 극대화하는 방법을 제안하였다. 결국 학습은 인지체계가 형성된 뇌를 통해 이루어진다고 볼 때 뇌에서 진행되는 학습과정을 이해함으로써 HRD 담당자는 어떻게 조직구성원들의 학습을 촉진시킬 수 있을지 방법적 차원의 함의를 제공받을 수 있다.
- **상황학습이론**: Wilson(1993)은 성인학습에서 상황적 인식을 강조하였다. 즉 성인학습은 학습이 발생하는 사회적 상황이나 맥락내에서 이해될 수 있다는 것이다. Hansmans(2001)은 CoP, 도제 등 사람 간 상호작용과 결합하는 상황에서 발생하는 상황기반 성인학습을 소개하였다. 특히 학습자들이 자신의 학습활동을 설계, 실행, 평가하는 데 있어 타인과 공유할 수 있는 상황을 만들어줘야 한다고 강조하였다. 앞서 설명한

전환학습이나 인식과 뇌기반 학습이론이 내적인 학습을 강조한 반면 상황학습이론은 학습자가 속한 환경과의 상호작용을 강조한 것이다. 4장에서 설명한 자기주도학습자의 집단주의적 속성이나 조직학습, 학습조직 등이 상황학습이론을 활용한 HRD 프로그램이라고 볼 수 있다.

- **비판이론:** 비판이론은 우리가 기존에 당연하다고 알고 있는 것들에 대해 비판적 시각을 갖게 함으로써 새로운 관점과 새로운 앎을 제공하는 학습이론이다(Welton, 1993). 이후 성인학습에는 비판이론과 함께 그 맥을 같이 하는 포스트모던주의까지를 다루게 된다. Kilgore(2001)는 지식, 파워, 그리고 학습에 있어서 비판이론과 포스트모던이론을 활용하였다. 즉 지식은 도전의 대상으로 변화가능하고 지식은 현재 수준에서 파워의 표현이며 동시에 파워에 의해서 형성된다. 따라서 학습은 우리가 믿는 진실에 대한 도전과정이고 지속적인 분해과정으로 많은 진실 가운데 선택적으로 모자이크하는 창조적 그리고 생산적 열린 대화과정이 필요하다. 사실 비판이론은 아래 설명하는 페미니스트 페다고지와 함께 기업이나 공공조직의 경영자 또는 관리자라면 비호감적일 수 있다. 저자역시 일정부분 이를 부인하지는 않는다. 그러나 최근 조직의경쟁력을 위한 키워드는 혁신(Innovation)으로 대변된다. 혁신은 창의성과 실천으로 구현되며 창의성은 결국 당연한 것에 대한 거부에서 시작된다. 이는 HRD 담당자가 HRD의 목적과 부합되는 긍정적 측면의 비판이론에 대해 생각해 볼 필요가 있음을 의미한다.

- **페미니스트 페다고지:** HRD 영역에서는 페미니스트 페다고지가 익숙하지 않은 학습이론이다. 그러나 젠더의 특수성을 반영한 학습이론으로 HRD 담당자가 주목해야 할 필요가

있다. 여성이라는 성(gender)은 학습자로서 차별화될 수 있는 특성이며 학습을 창출할 수 있는 요인 중 하나이다(Hayes, 2001). 즉 젠더는 또 다른 학습이 발생할 수 있는 원천이라 할 수 있다. 직장내 여성의 비율과 그 파워가 증가하면서 HRD 담당자들이 젠더 관점에서 HRD와 HRD 프로그램을 바라볼 필요가 있다.

■ **무형식 학습**: 무형식 학습이란 형식적이고 구조화된 학습을 제외한 모든 학습을 의미하며 경험으로부터의 학습으로 정의할 수 있다. 따라서 일터에서의 무형식 학습은 제도적 지원이나 구조화된 학습 환경인 형식 학습과 구별되며 학습자 개인이 주도권을 갖는 학습으로 계획적 또는 비계획적일 수 있고 의도적 또는 비의도적일 수 있으며 실제 직무 현장에서 구성원들과 상호작용이나 업무상황 또는 일터의 다양한 활동들에 참여함으로써 발생할 수 있다(정홍인 & 조대연, 2012). 일터에서 발생하는 학습의 70% 이상은 무형식 학습이다. HRD 담당자가 관리하고 통제할 수 있는 형식 학습은 겨우 30% 미만인 셈이다. 1990년대에 학습조직의 등장과 이슈화로 조직내에서의 무형식 학습이 많은 관심을 받았다(Marsick & Watkins, 2001). 또한 지식기반사회로의 이행과 최근 일터학습(workplace learning)의 중요성이 강조되면서 무형식 학습에 대한 관심이 지속되고 있다(박윤희 & 최우재, 2011). 무형식 학습은 안드라고지의 기본 가정 중 경험의 중요성을 강조한 가정과 연관된다. 그리고 자기주도학습, 코칭, 멘토링, 네트워킹 학습, 대화, 경험학습, 성찰, 시행착오, 구성원과의 협력, 관찰, 공유 등이 무형식 학습의 대표적 형태로 본다. 또한 최근 테크놀로지의 혁명과 함께 김경숙과 이성엽(2011)은 무형식 학습의 발생 상황을 SNS로 확대하였다. 그들은 SNS를 통해

생동감 있는 학습전개, 실명성을 기반으로 양질의 정보 교환과 즉각적 피드백, 온라인과 오프라인의 네트워크 연계, 그리고 조직문화의 내면화 과정 촉진 등이 무형식 학습측면에서 가능하며 방해요인으로는 시간조절의 어려움, 첨단 IT 학습에 대한 부담, 사생활 노출에 대한 불안, SNS 활용에 대한 상사의 부정적 태도, 업무연장에 의한 스트레스 유발 등을 들었다.

■ **감성과 이미지를 통한 학습**: 많은 성인학습이론들이 직·간접적으로 합리적이고 반성적인 인지적 과정에 기반을 둔다. 그러나 감성과 이미지 역시 성인학습 과정에 일정부분 기여한다. Dirkx(2001)에 따르면 성인학습은 감성과 이미지에 의해서 경험의 의미를 구성할 수 있으며 의미생성은 학습자의 감성에서 먼저 시작될 수 있다고 하였다. 이는 Boyd의 심벌과 이미지에 의한 전환학습에서도 강조된 바 있다.

■ **신체학습**: 신체학습이란 신체를 통한 직접적 경험을 통해 지식이 구성되는 앎의 과정이다(Freiler, 2008). 신체학습은 인지적, 정서적, 영적, 그리고 문화적인 다른 앎의 영역들을 인정한다. 그리고 이들과 신체가 상호작용하면서 살아있는 핵심적 경험들이 연계되어 앎 또는 지식이 형성되는 학습을 의미한다. 결국 신체학습은 인지 중심의 학습양식을 넘어 신체와의 새로운 연결을 도모하면서 성인학습이론의 영역을 넓히는 시도로 볼 수 있다. HRD에서 신체학습의 예는 경험학습이나 OJT 등에서 찾아 볼 수 있을 것이다.

■ **일터학습**: Fenwick(2008)은 일터학습의 주된 관심을 두 가지로 제시하였다. 첫째, 학습을 통해 일터의 문제해결을 지원한다. 그러나 일터에서의 문제가 점점 복잡해짐에 따라서 직장 내 성인들이 문제를 해결할 수 있도록 학습을 통해 돕기 위한

노력보다는 교육훈련(workplace pedagogy)을 통해 해결책을 신속히 제시하는 쪽으로 전환되었다. 적어도 직장내에서 학습보다 페다고지, 다시 말하면 어떻게 잘 학습할까 보다 무엇을 잘 가르칠까로 일터학습의 강조점이 이동하였다는 것이다. 둘째, 직장내에서 특별한 집단들(예를 들면, 중고령 근로자, 소수인종 근로자, 이민근로자, 저임금 근로자)이 어떻게 학습하는가를 이해하는 것이다. 이들 두 가지 이슈에 기초해서 일터학습은 실제중심 체계적 접근, 문해이론, 파워와 정치의 개념들이 다루어진다. 이와 같은 이슈들은 HRD에서 그동안 관심을 받지 못한 것이 사실이며 성인학습이론이 HRD에 기여할 수 있는 또 다른 관점을 제공한 것으로 볼 수 있다.

■ **나레이티브 학습**: 나레이티브란 학습을 촉진하기 위한 방법이면서 동시에 학습과정으로 성인학습의 핵심개념 중 하나인 의미해석과정으로 정의할 수 있다(Clark & Rossiter, 2008). 나레이티브 학습은 지난 10년간 성인학습의 주변이론에서 좀 더 중심이론으로 성장하였다(Merriam, 2008). 이야기를 듣고, 말하고, 인식하는 과정 속에서 세상 또는 경험의 의미를 해석하게 된다. 새로운 경험에 대해 스토리를 만들어가는 과정에서 학습이 발생할 수 있다. 예를 들면, 작문(writing)은 우리 생각을 가시적으로 만든다. 즉 작문을 하면서 무엇인가 이해한 바를 이야기로 만들기 때문에 그 자체가 사고과정(thought process)의 부분이라 볼 수 있다. 이를 통해 자신이 알고 있었던 것과 작문을 하면서 새롭게 의미 해석된 부분의 통합적 노력을 하게 된다. 그러나 나레이티브 학습은 일반 성인들보다 나레이티브에 준비된 또는 훈련된 성인학습자들이 더 효과적이므로 HRD 담당자들은 학습자들이 어떻게 나레이티브에 친숙해질 것인가를 먼저 생각해 보아야 한다.

앞서 다양한 성인학습이론들을 간략히 살펴보았다. Thondike 등(1928)의 'Adult learning' 출판과 AACE에서 성인학습을 정의하고자 하는 노력 등 1920년대 이후 지금까지 성인학습 현상을 설명하기 위해 다양한 이론들이 제안되고 특히 지난 30여 년 동안 성인학습이론은 양적 그리고 질적으로 성장하였다. 그리고 성인학습은 개인의 인지적 측면뿐만 아니라 감정, 마인드, 뇌를 통한 기억, 인식, 상황, 신체 등 다차원적 측면을 동시에 고려한다. 또한 성인학습을 이해하는데 있어서 what보다는 how에 관심을 둔다. 학습의 주체를 개인으로 보고 개인의 내적 과정으로 학습자가 무엇을 획득하였는가에 대한 관심에서 개인 학습자들의 환경 또는 상황과 상호작용하는 다양한 과정으로 관심이 이동하였다. 특히 다양한 상황에서 어떻게 학습이 발생하는가를 설명한다.

끝으로 성인학습은 더 이상 개인학습자만의 비즈니스로 볼 수 없다. 개인학습자를 둘러싼 다양한 환경으로부터 영향을 받고 또 개인학습자가 영향을 미치는 상호작용적 관계 속에서 성인학습을 이해할 필요가 있다. 오늘날 우리에게 가장 급격한 변화로 다가온 이슈 중 하나가 스마트 폰과 같은 테크놀로지의 혁명이며 이를 어떻게 성인학습과 효과적 그리고 효율적으로 통합하는가가 큰 관심이다. 테크놀로지 혁명과 성인학습의 결합은 모바일 학습으로 구현될 수 있으며 SNS의 급속한 성장과 성인들의 참여로 SNS 상황에서 집단지능(collective intelligence)의 생성이 가속화될 것이다. 또한 이를 통해 새로운 의미해석과 지식창출이 가능하고 빠른 시간내에 공유가 가능하게 된다. 그러나 학습의 주도권이 더욱더 개인학습자에게 있기 때문에 학습에 대한 책무성 및 윤리성이 강조되어야 한다.

구자경(1992). 오직 이 길밖에 없다. 서울: 행림출판.

권대봉(1996). 평생학습사회교육. 서울: 학지사.

권대봉(1997). 직업 패러다임의 변화와 전문인 교육. 크리스챤 아카데미 편, 정보화시대 교육의 선택(pp. 183-207). 서울: 대화출판사.

권대봉(1998). 산업교육론. 서울: 문음사.

권대봉(2001). 평생교육의 다섯 마당. 서울: 학지사.

권대봉(2003). 인적자원개발의 개념 변천과 이론에 대한 종합적 고찰. 서울: 원미사.

길대환, 김진모(2009). 기업체 HRD 담당자의 직무교육 요구분석. 농업교육과 인적자원개발, 41(2), 153-175.

김경숙, 이성엽(2011). SNS를 활용한 직장인의 무형식학습 사례 연구: Facebook 활용을 중심으로. HRD연구, 13(4), 31-61.

김남희(2003). 인적자원개발에 대한 오해: 경제적 효율성이 전부인가? 평생교육과의 협력적 미래 관계 모색을 위한 탐색. 평생교육학연구, 9(2), 147-168.

김재식, 정철영, 최홍영, 나승일, 김진모(1998). 학교와 산업체간 지식/기술 확산 · 공유를 위한 산학협력 정책에 관한 연구. 교육부 정책과제.

김정은, 김민수(2008). 경력개발프로그램 도입의 결정요인과 조직성과에 미치는 영향: HR 프랙티스의 매개효과를 중심으로. 인사관리연구, 33(1), 83-107.

김정환, 강선보(1998). 교육철학. 서울: 박영사.

김진모(2005). 기업체 인적자원개발 담당자의 역량 모형 개발. 한국농촌지도학회지, 8(2), 209-221.

김진모(2006). 농업 · 농촌발전을 위한 농업인 교육훈련 프로그램 평가. 농업교육과 인적자원개발, 39(3), 79-123.

김진화(2001). 평생교육 프로그램개발론. 서울: 교육과학사.

김한별(2013). HRD 프로그램 평가. 휴먼웨어연구회 편. 인적자원개발의 이해(95-118). 서울: 교육과학사.

김흥국(2000). 경력개발의 이론과 실제. 서울: 다산출판사.

노경란, 변정현(2010). 공공주도형 청년층 경력개발역량강화 프로그램 개발 연구: Caffarella의 상호작용모형 적용 사례를 중심으로. HRD연구, 12(1), 293-321.

류수민, 송영수(2012). CIPP 평가모형을 적용한 대기업 신입사원 입문 교육 만족도에 관한 연구: H 그룹(기업집단)을 중심으로. HRD연구, 14(1), 47-71.

리상섭(2010). 한국 글로벌 기업 A사의 해외 법인장 코칭 프로그램 운영 사례 연구. HRD연구, 12(4), 1-18.

박선민, 박지혜(2012). 기업의 무형식 학습이 비재무적 성과를 매개로 재무적 성과에 미치는 영향. HRD연구, 14(1), 1-26.

박소연(2007). HRD 프로그램의 논리주도적 평가체제 개발. 한국교육학연구, 13(1), 243-268.

박소연(2007b). HRD 프로그램 평가에의 논리주도적 평가체제 적용가능성 탐색. 기업교육연구, 9(2), 77-100.

박소연(2009). HRD 프로그램 평가의 질이 평가결과 활용에 미치는 영향. HRD연구(구, 인력개발연구), 11(2), 27-47.

박소연(2010). 평가에 대한 HRD 이해관계자들의 인식 탐구: Q 방법론을 중심으로. HRD연구, 12(4), 95-117.

박용호, 조대연, 김벼리, 노유경, 왕몽, 정희정, 홍순현(2011). DACUM 법을 이용한 초등학교 방과후학교 강사 직무분석. HRD연구, 13(1), 163-186.

박윤희(2012). 중소 제조업체 근로자의 경력개발 시스템 운영 현황과 정책 지원 방안. 이슈페이퍼. 서울: 한국직업능력개발원.

박윤희, 최우재(2011). 중소기업 근로자의 일터학습 참여가 직무능력향상에 미치는 영향. 직업능력개발연구, 14(3), 207-231.

박제일(2003). 기업내 교육담당자의 역할수행능력 향상을 위한 연구. 인문사회논총, 9, 137-159.

배을규(2005). 기업 교육훈련 평가정보에 대한 이해관계자의 인식수준

비교분석. 농업교육과 인적자원개발, 37(1), 175－198.

배을규, 김대영(2007). 기업체 인적자원개발 담당자의 역량 모형 개발. 직업교육연구, 26(2), 63－87.

배현경(2012). 군(軍)내 경력개발 지원, 경력계획 실천행동, 다차원적 동기와 직무몰입과의 관계. 고려대학교 일반대학원 석사학위논문.

봉현철(2007). 한국 기업 액션러닝 프로그램의 핵심성공요인 탐색: 요인의 내용과 요인간의 관계에 관한 고찰. 경상논총, 25(3), 1－34.

삼성생명(2001). 내부자료.

송상호(1997). 프로세스를 중심으로 한 새로운 직무분석 방법에 관한 연구. 인사관리연구, 21(1), 97－126.

송영수(2008). 대학 영어전용강좌(EMI)의 학습 만족도에 영향을 미치는 요인. 교육정보미디어연구, 14(3), 61－84.

송영수(2009a). 대기업 중심의 전략적 HRD 주요영역 및 핵심과제 도출. 기업교육연구, 11(2), 75－98.

송영수(2009b). ASTD 역량모델을 기반으로 한 국내 대기업 HRD 담당자의 필요역량 인식 및 수행수준에 관한 연구. 기업교육연구, 11(1), 97－124.

신영숙(2010). 주도성 및 상사의 지원과 직무몰입의 관계에서 경력계획 실천행동의 역할. 고려대학교 박사학위논문.

오인경(2000). Kirkpatrick의 4단계 평가 모델에 따른 기업내 웹 기반 교육의 학습 효과 평가. 기업교육연구, 2(1), 71－92.

오헌석(2009). 인적자원개발 트렌드. 학지사.

이기성(2006). 한국 기업의 경력개발제도 운영 현황과 개선 방향 탐색. Andragogy Today, 9(2), 173－192.

이무근(1998). 산업구조변화에 따른 직업·기술교육 강화. 한국교육의 경쟁력 제고 방안. 정부수립 50주년 기념 제3차 교육개혁 대토론회 자료집. 서울: 한국교육개발원.

이무근(1999). 직업교육학 원론. 서울: 교육과학사.

이수희, 안동윤(2007). HRD 패러다임 논쟁사에 나타난 평생교육과 HRD의 관계: 경쟁자인가, 협력자인가? 평생교육학연구, 13(1), 77－102.

이진구(2011). HRD 담당자의 조직역할인식에 따른 수행공학가로서의 역량 차이. 한국HRD연구, 6(1), 115-134.

장원섭, 장지현, 유지은(2008). 멘토링이 조직의 비재무적 성과에 미치는 영향. 직업교육연구, 27(3), 109-138.

장원섭, 김민영, 윤지혜(2009). 실행공동체 공식화가 조직학습에 미치는 영향. 직업교육연구, 28(3), 209-228.

전영욱, 김진모(2005). 기업체 인적자원개발 담당자의 핵심직무역량모델 개발. 농업교육과 인적자원개발, 37(2), 111-138.

전정호(2010). 교육본위론의 관점에서 본 HRD의 두 패러다임. 교육원리연구, 15(1), 149-166.

정은정, 조대연(2011). 학습자 관점에서 우편원격교육의 성과 탐색. 기업교육연구, 13(2), 137-154.

정재삼(1998). 교육 프로그램 개발 모형의 분석. 교과교육연구, 2(2), 80-97.

정태영, 최운실(2009). 영업관리자의 코칭이 직무어의 직무성과에 미치는 영향 분석: 평생학습 및 HRD에서의 코칭성과와 신뢰의 매개효과를 중심으로. HRD연구, 11(3), 125-153.

정홍인, 조대연(2012). 팀 내 무형식학습이 팀 효과성에 미치는 영향: 사회적자본의 매개효과를 중심으로. 기업교육연구, 14(2), 45-64.

조대연(2004). 미국 성인교육 프로그램 개발 이론의 동향: 1990-2001. 평생교육학연구, 10(1), 27-42.

조대연(2005a). 학습의 자기주도성과 팀내 대인관계기술의 관계. 교육문제연구, 23, 223-242.

조대연(2005b). Cascade training을 통한 조직변화의 내면화: 서울시교육청 사례를 중심으로. 인력개발연구, 7(2), 47-59.

조대연(2006). 평생교육과 인적자원개발의 관계 고찰: 미국 관련 문헌을 중심으로. 평생교육학연구, 12(4), 1-17.

조대연(2009a). 교사 발달단계별 직무역량 요구분석: 서울초등교사를 대상으로. 한국교원교육연구, 26(2), 365-385.

조대연(2009b). 설문조사를 통한 요구분석에서 우선순위결정 방안 탐색. 교육문제연구, 35, 165－187.

조대연, 김희영(2009). 비즈니스 코칭 프로세스와 코칭 행동 탐색. 평생
교육·HRD연구, 5(4), 51－71.

조대연, 김명랑, 정은정(2010). 교원 연수프로그램 개발 전략: 교원능력
개발평가지표를 중심으로. 한국교육, 37(3), 163－182.

조대연, 이성순, 이경호, 박용호(2010). 미래지향적 교원핵심역량설정모
델 개발연구. 정책연구보고서. 경기도교육청.

조대연, 박용호(2011). 관리자의 코칭행동과 부하직원이 인식한 직무성
과의 관계. HRD연구, 13(4), 89－109.

조대연, 정은정, 홍순현, 강윤석(2011). 국내 직무분석에 관한 연구논문
분석: 2000년 이후 국내학술지 발표 논문을 중심으로. 한국HRD연구,
6(4), 1－19.

진성미(2009). 경력 역량 탐색을 위한 평생학습의 시사. 평생학습사회,
5(2), 21－44.

한국직업능력개발원 역(1999). 21세기 직업능력(21st Century Skills for
21st Century Jobs). 서울: 한국직업능력개발원.

한숭희(2000). 학습혁명보고서. 서울: 매일경제신문사.

한준상, 김소영 & 김민영(2008). 수행 중심 패러다임으로의 변화에 따른
기업 인적자원개발 담당자의 역할과 역량에 대한 인식 조사 연구. 직
업교육연구, 27(2), 137－159.

현영섭, 조대연(2009). 학습동아리의 사회적 연결망과 지식공유의 관계:
관계밀도, 집중화, 지식공유간의 비선형 모형 분석. 평생교육학연구,
15(3), 189－212.

현영섭, 박혜영, 이성엽(2012). 저자 동시 인용 자료의 SNA를 통한 성인
교육 연구동향 탐색. HRD 연구, 14(4), 45－72.

Argyris, C., & Schön, D. (1978). Organizatinal learning: A theory of
action perspective. Reading, MA: Addision－Wesley.

Arthur, M., & Rousseau, D. (1996). The boundaryless career: A new
employment principle fr a new organizational era. New York: Oxford

University Press.

Basarab, D. J., & Root, D. K. (1992). *The training evaluation process.* MA: Kluwer Academic Publishers.

Bell, D. (1976). *The coming of post−industrial society.* NY: Basic Books.

Bernthal, P. R., Coteryahn, K., Davis, P., Naughton, J., Rothwell, W. J., Wellins, R. (2004). *ASTD 2004 competency study: Mapping the future.* ASTD Press.

Bingham, T. (2011). *A speech at the 2011 ASTD conference.*

Boucouvalas, M. (1993). Consciousness and learning: New and renewed approaches. In S. B Merriam, An update on adult learning, *New Directions for Adult and Continuing Education*, 57, 57−69.

Boyd, R. D. (1991). *Personal transformation in small groups: A jungian perspective.* NY: Routledge.

Brinkerhoff, R. O. (1981). Making evaluation more useful. *Training Development Journal*, 35(12), 66−70.

Brinkerhoff, R. O. (1987). *Evaluating training programs in business and industry.* San Francisco, CA: Jossey−Bass.

Brinkerhoff, R. O. (2003). *The success case method: Find out quickly what's working and what's not.* San Francisco: Berrett−Koehler.

Brinkerhoff, R. O. (2005). The success case method: A strategic evaluation approach to increasing the value and effect of training. *Advances in Developing Human Resources*, 7(1), 86−101.

Briscoe, J., Hall, D., & DeMuth, R. (2005). Protean and boundaryless careers: An empirical exploration. *Journal of Vocational Behavior*, 69, 30−47.

Bushe, G. R., & Kassam, A. F. (2005). When is appreciative inquiry transformational? A meta−case analysis. *The Journal of Applied Behavioral Science*, 41(2), 161−181.

Caffarella, R. S. (1998−99). Planning programs for adults: An interactive process. *Adult learning*, 10(2), 27－29.

Caffarella, R. S. (2002). *Planning programs for adult learners: A practical guide for educators, trainers, and staff developers(2nd ed.)*. San Francisco. CA: Jossey－Bass.

Campbell, D. J., & Dardis, G. J. (2004). The "be, know, do" model of leader development. *Human Resource Planning*, 27(2), 20－45.

Cervero, R. M., & Wilson, A. L. (1994). The politics of responsibility: A theory of program planning practice for adult education. *Adult Education Quarterly*, 45(1), 249－268.

Chang, Y. H. E. (2010). *An empirical study of Kirkpatrick's evaluation model in the hospitality industry*. Doctoral Dissertation of Florida International University.

Cho, D. (2002). The connection between self－directed learning and the learning organization. *Human Resource Development Quarterly*, 13(4), 467－470.

Cho, D., & Kwon, D. B. (2005). Self－directed learning readiness as an antecedent of organizational commitment: A Korean study. *International Journal of Training and Development*, 9(2), 140－152.

Cho, D. (2009). Impact of structured on－the－job training(S－OJT) on a trainer's organizational commitment. *Asia Pacific Education Review*, 10(4), 445－453.

Clark, M. C., & Rossiter, M. (2008). Narrative learning in adulthood. In S. B. Merriam, The third update on adult learning theory. *New Directions for Adult and Continuing Education*, 119, 61－70.

Cooperrider, D. L. (2001). *AI: The beginning(Toward a methodology for understanding and enhancing organizational innovation)*. Cleveland, OH: Lakeshore Publishing.

Cooperrider, D. L., & Whitney, D. (1999). *Appreciative inquiry*. San Francisco: Berret－Koehler.

Cooperrider, D. L., Whitney, D., & Stavros, J. M. (2008). *Appreciative inquiry handbook(2nd ed.).* Brunswick, OH: Crown Custom Publishing, Inc.

Cummings, T. G., & Worley, C. G. (2001). *Organizational development & change(7th ed.)*, Cincinnati, OH: South−Western College Publishing.

Darwin, A. (2000). Critical reflections on mentoring in work setting. *Adult Education Quarterly*, 50(3), 197−211.

DeSimone, R. L., & Harris, D. M. (1998). *Human resource development.* NY: The Dryden Press.

Dick, W., Carey, L., & Carey, J. O. (2005). *The systematic design of instruction.* Boston: Allyn & Bacon.

Dirkx, J. M. (2001). The power of feelings: Emotion, imagination, and the construction of meaning in adult learning. In S. B. Merriam, New update on adult learning theory. *New Directions for Adult and Continuing Education*, 89, 63−72.

Drucker, P. F. (1993). *Post−capitalist society*, NY: Harper Collins.

Drucker, P. F. (2001). *The essential Drucker.* New York: Harper Business. 이재규 역(2001) 프로페셔널의 조건 − 어떻게 자기 실현을 할 것인가. 서울: 청림출판.

Evans, T. W. (2000). The new mentors. *Teachers College Record*, 102(1), 244−263.

Feldman, D. C. (1988). *Managing career in organizations.* Glenview, Illinois: Scott, Foresman Company.

Feldman, D. C., & Lankau, M. J. (2005). Executive coaching: A review and agenda for future research. *Journal of Management*, 31(6), 829−848.

Fenwick, T. (2008). Workplace learning: Emerging trends and new perspectives. In S. B. Merriam, The third update on adult learning theory. *New Directions for Adult and Continuing Education, 119*, 17−26.

Freiler, T. J. (2008). Learning through the body. In S. B. Merriam, The third update on adult learning theory. *New Directions for Adult and Continuing Education, 119*, 37−47.

Garavan, T. (2007). A strategic perspective on human resource development. *Advances in Developing Human Resources, 9*(1), 11−30.

Gilley, J. W., Eggland, S. A., & Gilley, A. M. (2002). *Principles of human resource development*. Cambridge, MA: Perseus.

Green, M., & McGill, E. (2011). State of the industry, *2011: ASTD's annual review of workplace learning and development data*. Alexandria, VA: ASTD Press.

Hall, D. T. (2002). *Careers in and out of organizations (Foundations for organizational science series)*. Thousand Oaks, CA: Sage.

Hansman, C. A. (2001). Context−based adult learning. In S. B. Merriam, New update on adult learning theory. *New Directions for Adult and Continuing Education, 89*, 43−52.

Hansman, C. A., & Mott, V. W. (2000). Philosophy, dynamics, and context: Program planning in practice. *Adult Learning, 11*(2), 14−16.

Hayes, E. R. (2001). A new look at women's learning. In S. B. Merriam, New update on adult learning theory. *New Directions for Adult and Continuing Education, 89*, 35−42.

Herr, E. L. (2001). Career development and its practice: A historical perspective. *Career Development Quarterly, 49*, 196−211.

Hezlett, S. A. (2005). Protégé's learning in mentoring relationships: A review of the literature and an exploratory case study. *Advances in Developing Human Resources, 7*(4), 505−526.

Hill, L. H. (2001). The brain and consciousness: Sources of information for understanding adult learning. In S. B. Merriam, New update on adult learning theory. *New Directions for Adult and Continuing Education, 89*, 73−82.

Homan, M., & Miller, L. J. (2008). *Coaching in organizations: Best coaching practices from Klen Blanchard Companies.* Hoboken, NJ: John Wiley and Sons, Inc.

Houle, C. O. (1972). The design of education. San Francisco, Jossey−Bass, Inc., Publishers.

Jacobs, R. L. (1995). Impressions about the learning organization. *Human Resource Development Quarterly, 6*(2), 119−122.

Jacobs, R. L. (2000). *Lecture note of ED. PAES. 757. Aspect of human resource development.* OH: The Ohio State University.

Jacobs, R. L. (2002). Institutionalizing organizational change through cascade training. *Journal of European Industrial Training, 26*(2/3/4), 177−182.

Jacobs, R. L. (2003). *Structured on−the−job training: Unleashing employee expertise in the workplace(2nd ed.).* San Francisco: Berrett−Koehler Publications, Inc.

Jacobs, R. L., & Russ−Eft, D. (2001). Cascade training and institutionalizing organizational change. In R. Jacobs (ed.), *Planned training on−the−job.* San Francisco: Sage.

Jones, R.A., & Rafferty, A.E., & Griffin, M.A.(2006). The executive coaching trend: Towards more flexible executives. *Leadership & Organization Development Journal, 27*(7), 584−596.

Kaufman, R., & Valentine, G. (1989). Relating needs assessment and needs analysis. *Performance and Instruction, 28*(10), 10−14.

Keller, J. M. (1987). Strategies for stimulating the motivation to learn. *Performance and Instruction, 26*(8), 1−7.

Kilburg, R. R. (1996). Toward a conceptual understanding and definition of executive coaching. *Consulting Psychology Journal: Practice and Research, 48*(2), 134−144.

Kilgore, D. W. (2001). Critical and postmodern perspectives on adult learning. In S. B. Merriam, *New update on adult learning theory. New*

Directions for Adult and Continuing Education, 89, 53−62.

Kirkpatrick, D. L., & Kirkpatrick, J. D. (2006). *Evaluating training programs: The four levels(3rd ed.)*. San Francisco: Berrett−Koehler Publisher.

Knowles, M. S. (1970). *The modern practice of adult education: Andragogy versus pedagogy*. NY: Association Press.

Knowleds, M. S., Holton III, E. F., & Swanson, R. A. (2102). *The adult learner: The definitive classic in adult education and human resource development(6th ed.)*. Burlington, MA: Elsevier.

Kolb, D (1984). *Experimental learning : Experience as the source of learning and development*. NJ: Prentice−Hall.

Koornneef, M. J., & Oostvogel, K. B. C. (2005). Between ideal and tradition: The roles of HRD practitioners in South Australian organizations. *Journal of European Industrial Training. 29*(5), 356−368.

Kraiger, K. (2002). Decision−based evaluation. In K. Kraiger (Ed.). *Creating, implementing, and managing effective training and development systems in organizations: State−of−the−art lessons for practice*(331−375). San Francisco: Jossey−Bass.

Kram, K. (1983). Phases of the mentoring relationship. *Academy of Management Journal, 26*, 608−625.

Kuchinke, K.P. (1995). Managing learning for performance. *Human Resource Development Quarterly, 6*(3), 307−317.

Kunchinke, K. (2003). Comparing national systems of human resource development: Role and function of post−baccalaureate HRD courses of study in the UK and US. *Human Resource Development International, 6*(3), 285−299.

Lankau, M. J., & Scandura, T. A. (2002). An investigation of personal learning in mentoring relationships: Content, antecedents, and consequences. *Academy of Management Journal, 45*(4), 779−790.

Lawler, P. A., & King, K. P. (2000). *Refocusing faculty development: The view from an adult learning perspective.* A paper presented at the 41st Adult Education Research Conference.

Lipitt, G. L., & Nadler, L. (1967). Emerging roles of the training director: Is training sufficiently creative and innovative to serve its full purpose? *Training and Development Journal, 21*(8), 2−10.

Lips−Wiersma, M., & Hall, D. T. (2007). Organizational career development is not dead: A case study on managing the new career during organizational change. *Journal of Organizational Behavior, 28*(6), 771−792.

Luthans, F. (2004). *Organizational behavior.* NY: McGraw−Hill.

Mabry, C. K., & Wilson, A. L. (2001). *Managing power: The practical work of negotiating interests.* A paper presented at the 41st Adult Education Research Conference.

Maclean, R. G. (1994). *Program planning models: A practitioner's viewpoint.* A paper presented at 1994 Pennsylvania Adult and Continuing Education Research Conference.

Marquardt, M. J. (1999). *Action learning in action: Transforming problems and people for world−class organizational learning.* Palo Alto, CA: Davies−Black Publishing.

Marsick, V. (2002). Exploring the many meanings of action learning and ARL. In L. Rohlin, K. Billing, A. Lindberg, & M. Wickelgren (Eds.), *Earning while learning in global leadership: The Volvo MiL partnership*(pp. 297−314). Lund Sweden: Management Institute of Lund(MiL) Publishers.

Marsick, V. J., & Watkins, K. E. (2001). Informal and incidental learning. In S. B. Merriam, New update on adult learning theory. *New Directions for Adult and Continuing Education*, 89, 25−34

Marsick, V., & Watkins, K. E. (2005). Action learning. In L. M. English(ed.), *International encyclopedia of adult education*(15−19).

NY: Palgrave Macmillan.

Merriam, S. B. (2001). Editor's note. In S. B. Merriam, New update on adult learning theory. *New Directions for Adult and Continuing Education, 89*, 1−2.

Merriam, S. B. (2008). Editor's note. In S. B. Merriam, The third update on adult learning theory. *New Directions for Adult and Continuing Education, 119*, 1−4.

Merriam, S. B., Caffarella, R. S., & Baumgartner, L. M. (2007). *Learning in adulthood: A comprehensive guide(3rd ed)*. San Francisco: Jossey−Bass.

Mezirow, J. (1991). *Transformative dimensions of adult learning*. San Francisco: Joessey−Bass.

McDonald, K. S., & Hite, L. M. (2005). Reviving the relevance of career development in human resource development. *Human Resource Development Review, 4*(4), 418−439.

McLagan, P. (1989). Models for HRD practice. *Training & Development Journal, 49*(9), 49−59.

McLean, G. N., & McLean, L. (2001). If we can't define HRD in one country, how can we define it in another? *Human Resource Development International, 4*(3), 313−326.

Moore, M. G., & Kearsley, G. (2005). *Distance education: A systems view* (2nd ed.). Belmonr, CA: Wadsworch.

Nadler, L. (1970). *Developing human resources*. Houston, TX: Gulf Pub. Co.

Naisbitt, J. (1984). *Megatrends: Ten new directions transforming our lives*. NY: Warner Books.

Naisbitt, J. (1994). *Global paradox: The bigger the world economy, the more powerful its smallest players*. NY: Avon.

Nijhof, W. (2004). Is the HRD profession in the Netherlands changing? *Human Resource Development International, 7*(1), 57−72.

Noe, R. A. (2008). *Employee Training and Development*. Boston, MA: McGraw－Hill, Irwin.

Nonaka, I., & Konno, N. (1998). The concept of "ba": Building foundation for knowledge creation. *California Management Review, 40*(3), 40－54.

Nonaka, I., & Takeuchi, H. (1995). *The knowledge－creating company: How Japanese companies create the dynamics of innovation*. New York: Oxford University Press.

Nonaka, I., & Takeuchi, H (1995). *The knowledge－creating company*. Sydney: Oxford University Press.

OECD (1996). *Lifelong learning for all*. Paris: OECD.

Ortenblad, A. (2001), On differences between organizational learning and learning organization, *The Learning Organization, 8*(3), 125－133.

Phillips, J. J. (1997). *Return on investment: In training and performance improvement programs*. Houston: Gulf.

Phillips, P. P. (2003). *Training evaluation in the public sector*. Doctoral dissertation, The University of Southern Mississippi.

Poell, R. F., Pluijmen, R., & van der Krogt, F. J. (2003). Strategies of HRD professionals in organising learning programmes: A qualitative study among 20 Dutch HRD professionals. *Journal of European Industrial Training, 27*(2－4), 125－136.

Polanyi, M. (1966). *The tacit dimension*. London: Routledge & Keagan.

Preskill, H., Torres, R. T. (1999). *Evaluative inquiry for learning in organizations*. Thousand Oaks, CA: Sage.

Revans, R. W. (1998). *The ABC of action learning*. London: Lemos & Crane.

Robinson, D. G., & Robinson, J. C. (2008). *Performance consulting*(2nd ed.). San Francisco, CA: Berrett－Koehler Publishers, Inc.

Rummler, G. A., & Brache, A. P. (1995). *Improving performance: How to manage the white space on the organization chart*. San Francisco:

Jossey−Bass Publishers.

Russ−Eft, D., & Preskill, H. (2001). *Evaluation in organizations: A systematic approach to enhancing learning, performance, and change.* Cambridge, MA: Perseus.

Schein, E. H. (1996). Career anchors revisited: Implications for career development in the 21st century. *Academy of Management Executive, 10*(4), 80−88.

Schulz, T. W. (1961). Investment in human capital. *The American Economic Review. 51,* 1−17.

Schwiebert, V. L.(2000). *Mentoring: Creating connected, empowered relationships.* Alexandria: American Counseling Association.

Senge, P., Roberts, C., Ross, R., Smith, B., & Kleiner, A. (1994). *The fifth discipline Fieldbook.* NY: Doubleday.

Sethi, R., Smith, D. C., & Park, C. W. (2001). Cross−functional Project Development Teams, creativity, and the innovativeness of new consumer products. *Journal of Marketing Research, 38*(1), 73−85.

Simonsen, P. (1997). *Promoting a development culture in your organization: Using career development as a change agent.* Palo Alto, CA: Davies−Black Publishing.

Smith, P.A.C., & Tosey, P. (1999). Assessing the learning organization: Part 1 theoretical foundations. *The Learning Organization,* 6(2), 70−75.

Sork, T. J. (1990). Theoretical foundations of educational program planning. *The Journal of Continuing Education in the Health Professions, 10*(1), 73−83.

Sork, T. J. (2000). Planning educational programs. In A. L. Wilson & E. R. Hayes(eds.), *Handbook of adult and continuing education.* San Francisco: Jossey−Bass.

Sork, T. J. (2001). Needs assessment. In D. H. Poonwassie & A. Poonwassie (Eds.), *Fundamentals of adult education: Issues and practices for lifelong learning* (pp. 101−115). Toronto: Thompson

Educational Publishing.

Stokking, K. M. (1996). Levels of evaluation: Kirkpatrick, Kaufman and Keller, and beyond. *Human Resource Development Quarterly, 7*(2), 179−183.

Sullivan, M. (2004). The promise of appreciative inquiry in library organizations. *Library Trends, 53*(1), 218−229.

Swanson, R. A. (2001). *Assessing the financial benefits of human resource development.* Cambridge, MA: Perseus Publishing.

Swanson, R. A., & Holton, E. F. III. (2001). *Foundation of human resource development.* San Francisco, CA: Berrett−Koehler.

Taylor, E. W. (2008). Transformative learning theory. In S. B. Merriam, The third update on adult learning theory. *New Directions for Adult and Continuing Education, 119,* 5−15.

Taylor, K., & Lamoreaux, A. (2008). Teaching with the brain in mind. In S. B. Merriam, The third update on adult learning theory. *New Directions for Adult and Continuing Education, 119,* 49−59.

Thonrndike, E. L., Bregman, E. O., Tilton, J. W., & Woodyard, E. (1928). Adult learning. New York: Macmillan.

Toffler, A., & Toffler, H. (1995). *Creating a new civilization: The politics of the third wave.* NY: Turner Publishing Inc.

Tsang, E.W.K. (1997). Organizational learning and the learning organization: A dichotomy between descriptive and prescriptive research. *Human Relations, 50*(1), 73−89.

Watkins, K.E., & Marsick, V.J. (1993). *Sculpting the learning organization: Lessons in the art and science of systemic change.* San Francisco: Jessey−Bass.

Watkins, R., & Kaufman, R.(1996). An update on relating needs assessment and needs analysis. *Performance and Instruction, 35*(10), 10−13.

Welton, M. R. (1993). The contribution of critical theory to our understanding of adult learning. In S. B Merriam, An update on adult learning, *New Directions for Adult and Continuing Education, 57*, 81–90.

Wenger, E. (2011). *Communities of practice: A brief introduction*. STEP Leadership Workshop, University of Oregon (https://scholarsbank.uoregon.edu/jspui/handle/1794/11736)

Whitney, D. K., & Trosten–Bloom, A. (2003). *The power of appreciative inquiry: A practical guide to positive change*. San Francisco: Berrett–Koehler.

Wilson, A. L. (1993). The promise of situated cognition. In S. B Merriam, An update on adult learning, *New Directions for Adult and Continuing Education, 57*, 71–79.

Wilson, A. L., & Cervero, R. M. (1996). Who sits at the planning table: Ethics and planning practice. *Adult Learning, 8*(2), 20–22.

Wilson, A. L., & Cervero, R. M. (1997). The song remains the same: The selective tradition of technical rationality in adult education program planning theory. *International Journal of Lifelong Education, 16*(2), 84–108.

Wilson, A. L., & Cervero, R. M. (2011). Program planning. In K. Rubenson (Ed.), *Adult learning and Education*. Oxford: Elsevier.

Witkin, B. R. (1992). *A qualitative analysis of needs assessment in the 1980s: The state of the art*. A paper presented at the meeting of American Evaluation Association. Seattle, Washington.

Witkin, B. R., & Altschuld, J. W. (1995). *Planning and conducting needs assessments: A practical guide*. Thousand Oaks, CA: Sage.

Yorks, L. (2005). *Strategic human resource development*. South–Western Pub.

| 저자 약력 |

일강(日岡) 권대봉(權大鳳, DaeBong KWON, Ph.D.)
미국 미시간주립대 · 국민대 · 고려대에서 HRD 연구와 강의
고려대 교육대학원장 및 사범대학장, 한국인력개발학회장, 한국직업능력개발원
　(국책연구기관KRIVET) 제5대 원장, 세계은행 컨설턴트 등 역임
현재 고려대 교육학과 명예교수 · 한국인력개발학회 고문 · 인천재능대학교 총장

조대연(趙大衍, DAEYEON CHO, Ph.D.)
오하이오주립대 박사
현재 고려대 교육학과 교수 및 (학부)인적자원개발학과 교수, 고려대 교육대학원
　기업교육 전공 주임교수, 평생교육 전공 주임교수, HRD정책연구소장을 맡고 있음

수정판
HRD Essence: 시스템 접근 기반

초판 발행   2013년 3월 10일
수정판 발행   2019년 2월 28일
중판 발행   2021년 3월 10일

지은이   권대봉 · 조대연
펴낸이   노   현

제 작   고철민 · 조영환

펴낸곳   ㈜ 피와이메이트
         서울특별시 금천구 가산디지털2로 53, 한라시그마밸리 210호(가산동)
         등록 2014. 2. 12. 제2018-000080호
전 화   02)733-6771
f a x   02)736-4818
e-mail   pys@pybook.co.kr
homepage www.pybook.co.kr
ISBN   979-11-89643-82-9 93370

정 가   15,000원

박영스토리는 박영사와 함께하는 브랜드입니다.